www.ingramcontent.com/pod-product-compliance
Lightning Source LLC
LaVergne TN
LVHW010433230826
846092LV00009BA/1147

* 9 7 8 9 9 4 8 8 2 6 3 3 0 *

الرّواية الإماراتيّة

من سرد الماء والصحراء إلى سرد الإنسان

الرّواية الإماراتيّة

من سرد الماء والصحراء إلى سرد الإنسان

وقائع نـــدوة

المشاركـون

إسلام أبو شكير
بديعة الهاشمي
زينب عيسى الياسي
سامح كعوش
عزّت عمر
فتحية النمر

إعداد وتقديم:

عبدالفتاح صبري

إصدارات دائرة الثقافة، حكومة الشارقة 2022 م

الناشر: دائرة الثقافة - حكومة الشارقة - الإمارات العربية المتحدة

الهاتف: 5123333 6 971+

البرّاق: 5123303 6 971+

الموقع الإليكتروني: www.sdc.gov.ae

البريد الإليكتروني: sdc@sdc.gov.ae

الطبعة الأولى 2022

813.0099535

ن ر. ر

ندوة الرواية الاماراتية (2021 : الشارقة، الامارات العربية المتحدة)

الرواية الاماراتية من سرد الماء والصحراء إلى سرد الإنسان : وقائع ندوة الرواية الاماراتية / إعداد عبد الفتاح صبري . - الشارقة، الإمارات العربية المتحدة : دائرة الثقافة، 2022.

112 ص؛ 21X14 سم.

1 – القصص العربية – الامارات العربية المتحدة – تاريخ ونقد

2 – السرد الأدبي (أدب عربي)

أ – العنوان

ب – صبري، عبد الفتاح

ISBN: 9789948826330

توطئة

ندوة الرواية الإماراتية التي استحدثت من قبل دائرة الثقافة بالشارقة، إنما هي تأكيد على الدور الريادي للدائرة تجاه المجتمع، وتنشيط للحراك الثقافي والإبداعي والنقدي في الساحة الوطنية الإماراتية، بإلقاء الضوء على بعض مكامن وتطور الرواية الإماراتية.

لقد جاءت الندوة تحت عنوان «الرواية الإماراتية من سرد الماء والصحراء إلى سرد الإنسان»، في محاولة للإطلال على تطور العمل الروائي في سياقاته الفنية والمضمونية، منذ نشأة هذا الفن في سبعينيات القرن الفائت، وجاءت مشاركة نخبة من أبناء الوطن والمهتمين بالشأن الروائي، بحثاً ودراسة، لتكمل صورة ما يمكن طرحه تحت هذا العنوان.

في هذه الندوة تم طرح العديد من إشكاليات الرواية ومضامينها، محاولة للبحث عن مكامن الجديد للرواية الإماراتية، وللروائي

الإماراتي، الذي حاول التساوق مع الإنسان الجديد الذي صبغته التحولات بآثارها، من أحوال، وأوضاع وقضايا ومشكلات وظواهر، وأصبح إنساناً يصارع الزمن في سياق الحياة الجديدة ما بعد الحداثة، وأثرها فيه، وفي قيمه وذاته.

الرواية الإماراتية.. مدخل تاريخي

عبد الفتاح صبري

الرواية الإماراتية وليدة الظروف الاقتصادية والاجتماعية والسياسية العربية، والإماراتية بشكل خاص، فرواية (شاهندة) للكاتب راشد عبد الله، جاءت كأول رواية إماراتية مؤسسة لهذا النوع من السرد من رحم الشفاهي، فكأنها أداة وسيطة بين الموروث الشفاهي والشكل الروائي الذي يتشكل.

والرواية الأولى جاءت منبتة عن تحولات المجتمع، تلك التحولات الناجمة عن رحيل المستعمر، وتأسيس الدولة، إضافة إلى ما يحدث في دول الإقليم والعالم العربي من أحداث جسام، ربما يعود ذلك إلى أن الرواية تحتاج إلى وقت طويل للتأمل والبحث والتفكر.

ويمكننا رصد عدة محطات في مسيرة الرواية الإماراتية..

المحطة الأولى: النشأة:

وشملت هذه المحطة روايات:

- (شاهندة) 1974م راشد عبد الله
- (دائماً يحدث في الليل) 1979م محمد عبيد غباش
- (الاعتراف) 1982م علي أبو الريش
- (جروح على جدار الزمن) 1982م علي محمد راشد
- (عقد يبحث عن عنق) (بوليسية) 1978م عبد الله الناوري

سنكتشف أن هذه الروايات كتبت خارج الدولة قبل طباعتها، وأثناء مرحلة الدراسة لكتّابها، مثل:

رواية (شاهندة) لراشد عبد الله، كتبت في القاهرة.

رواية (الاعتراف) لعلي أبو الريش، كتبت في القاهرة.

رواية (جروح على جدار الزمن) لعلي محمد راشد، كتبت في الخرطوم.

رواية (دائماً يحدث في الليل) لمحمد عبيد غباش، كتبت بين القاهرة وأمريكا.

وهذا يؤكد أن الرواية المؤسسة وما تلاها مباشرة جاءت نتيجة الاحتكاك مع مجتمعات عربية وأجنبية، ونتيجة مباشرة لابتعاث

طلاب للتعلم بالخارج، فتعرفوا إلى فنون من الإبداع، وتأثروا بتلك البيئات التي حفزت الكتابة الإبداعية والروائية لديهم.

إذن الرواية الإماراتية ارتبطت نشأتها بتأسيس الدولة، وابتعاث الطلاب إلى الخارج والتعالق مع مجتمعات جديدة، ما فتح آفاقاً للكتابة والفن والإبداع، وزاد ذلك بازدياد عدد المبتعثين لزيادة عدد المتعلمين من أبناء الوطن.. إضافة إلى دور الأندية الرياضية الثقافية قبل تشكل الدولة التي رعت حركة ثقافية وإبداعية ومعرفية كان روادها طلاباً وجدوا فيها حواضن لكتابة المقالة والقصة والخاطرة والشعر، عبر مجلات الحائط والنشرات الثقافية التي كانت تصدرها تلك الأندية في دبي والشارقة ورأس الخيمة.

وشكل هؤلاء نواة أساسية لكتّاب قادمين مستقبلاً إلى ساحة الأدب والإبداع.. ولقد ساعدت حركة التعليم المتنامية مع تشكل الدولة، وابتعاث الطلبة، وتأسيس الجامعة، على خلق حالة من الحراك التعليمي، سيوسع المتعاملين مع الكتابة والقراءة والإبداع.

شكل تأسيس الدولة زيادة الوعي بالممكنات القادمة، حيث تبدلت الحالة الاقتصادية والاجتماعية، وشكّل الحراك الجديد الناجم عن المأسسة، اهتماماً واسعاً من المجتمع، وكان لا بد من حراك للإبداع والأدب للتعبير عن هذه المستجدات، خاصة بعد تأسيس جيل متعلم داخل الوطن وخارجه، ومن هؤلاء كانت البدايات الأولى لكتّاب الأجناس الأدبية السردية (القصة والرواية).

إن أحد الأسباب المهمة لتأخر الفن الروائي في الظهور والتراكم،

هو غياب المتعلمين الذي تراكم بعد الدولة وتشكلها، وتأسس حركة تعليمية واسعة وابتعاث طلاب للخارج.

الروايات الأولى التي أسست لبروز الفن الروائي الإماراتي منذ (شاهندة) وما تلاها مباشرة، لم تتمكن من أن تكون صوت الواقع وصورة للتبدلات وآثارها، ولكنها كانت تعاين الواقع الاجتماعي بين الراسف في تراثه الشفاهي ومحاولة الاستفاقة على الجديد.

ومنذ البدايات وحتى مطلع الألفية، كان الحصاد الروائي الكمي 24 رواية تقريباً، وهي – الرواية الإماراتية وحتى مطلع الألفية – لم تتمكن بشكل عام من البحث في أسئلة الواقع الجديد، وإبراز التبدلات وآثارها، وعدم قدرة الكتّاب على تشكيل عالم خيالي في مروياتهم، قادر فنياً ومتطابق مع الطارئ في آليات المجتمع الجديد، وسنكتشف هذا النزوع الباهت، عاطفياً وفكرياً، لشخوص تلك الروايات مع توسع وعظم الفجوة التي تتسع لتبرز تفاوتاً طبقياً كبيراً مع التبدلات الاقتصادية العاصفة بالمجتمع، وربما حصرت الرواية الإماراتية ذاتها في مستويين في تلك الفترة هما:

– الرواية الرومانسية.

– الرواية الواقعية.

ولم نستطع حتى بعد الألفية المروق إلى الأشكال التجريبية، والرمزية، والمعاصرة، وربما في العقد الأخير بدأ نضج فني شمل بعضها، لتكون رواية معبرة عن ما بعد الحداثة فنياً، مما يعني قفزات هائلة شهدتها الرواية الإماراتية في العقد الأخير.

المحطة الثانية: الرواية النسائية:

المرأة في الإمارات لم تتخلف عن الإبداع، ولم تتأخر في مجال السرد عامة، فكانت مؤسسة وصنو الرجل، وربما سابقته، وهي الآن تقود حركة الإبداع ومتفوقة كمياً في مجال الإبداع الروائي؛ ولأنه إبداع بطيء النمو، فكان لزاماً الانتظار طويلاً كي تنضج وتتراكم التجربة، كمياً وفنياً، ولجهة المشاركة النسائية ثانياً، وكأن خمسة عشر عاماً ليست بالكثيرة، ففي العام 1989م جاءت رواية (ملائكة وشياطين) لباسمة يونس، و(شجن بنت القدر الحزين) لسارة الجروان عام 1992م، و(حلم كزرقة البحر) لأمنيات سالم عام 2000م.

المحطة الثالثة: الرواية والتعالق مع السيرة الذاتية:

سنجد أن أولى الروايات كانت لسيرة المرأة مع التحولات وآثارها وتحولات المكان التي عالجتها رواية «حلم كزرقة البحر» لأمنيات سالم 2000م.

ثم تلتها روايات تحمل ذات النفس بصور مختلفة ومتباينة مثل:

- (تثاؤب الأنامل) رحاب الكيلاني، 2004م.
- (زاوية حادة) فاطمة المزروعي، 2009م.
- (حدثتنا ميرة) لميس المرزوقي، 2010م.

المحطة الرابعة: الرواية التاريخية:

برزت الرواية التاريخية أو الاهتمام بتاريخ الوطن القديم، وما دار على أرضه من أحداث كبرى ومعارك عظيمة، كان لها عظيم الأثر في سيرة وتاريخ الوطن والشعب الإماراتي مثل:

- (ساحل الأبطال)، علي محمد راشد، 1987م.
- (الشيخ الأبيض)، د. سلطان القاسمي، 1996م.
- (الأمير الثائر)، د. سلطان القاسمي، 1998م.
- (مملكة هرمز)، ريم الكمالي، 2014م.

المحطة الخامسة: روايات تعاملت مع آثار التحولات:

- (السيف والزهرة)، علي أبو الريش، 1984م.
- (أحداث مدينة على الشاطئ)، محمد حسن الحربي، 1986م.
- (حلم كزرقة البحر)، أمنيات سالم، 2000م.
- (سيح المهب)، ناصر جبران، 2007م.
- (رائحة اللبان)، إبراهيم مبارك، 2014م.

ثم شكل التطور الكمي الناجم عن عوامل كثيرة في الإمارات، منها انتشار وتأسيس عشرات من دور النشر التي أسهمت في الترويج والتشجيع على كتابة الرواية ونشرها، وكان أيضاً للاهتمام

من المؤسسات الثقافية بالإبداع وإطلاق العديد من الجوائز، خاصة الروائية، الفضل في الاهتمام بالكتابة الروائية، ودخل مجال الكتابة طلاب الجامعات مع شريحة من الشباب والهواة، ما شجع على صعود مدّ روائي كبير في الإمارات، حتى أصبح من العسير الوقوف على الكم الروائي الموجود الآن، وإن كان الدكتور سمر روحي الفيصل استطاع حصر 126 رواية نسائية حتى العام 2019م[1].

الرواية الإماراتية تحولت من الرومانسية التي بدأتها رواية (شاهندة)، وبدأت بالتحول والتطور من الوصفية لتربط بين الواقع والمتخيل، بل إن هناك روايات أطلقت العنان للخيال والانحلال من الضوابط المعروفة، لتُصنف ضمن ما يطلق عليه الآن، روايات ما بعد الحداثة، مثالاً رواية (غرفة واحدة لا تكفي) لسلطان العميمي عام 2016م.

شكل الماء مصدراً من مصادر السرد في الأدب الإماراتي، إلى جانب الصحراء والنخلة، بل إن الكاتب اتخذها رموزاً إلى قيم الجماعة، كقيم ما قبل التحولات، قيم الماضي لمواجهة القيم الجديدة الوافدة بعد عصر النفط، مع الآخر الذي وفد بأعداد كبيرة من بقاع وثقافات ومناطق وقارات مختلفة، كل يحمل ثقافته التي أصبحت مثاراً للخلاف حول أثرها وتأثيراتها السلبية، وبالتالي شكل الماء وشكلت النخلة والصحراء رموزاً للموروث اللامادي، ولمواجهة هذه المؤثرات السلبية تم التحصن خلف هذه الرموز، فعلها الشعر، وفعلتها

---

1 – السرديات الروائية النسوية الإماراتية، د. سمر روحي الفيصل، اتحاد كتاب وأدباء الإمارات، 2021م.

القصة القصيرة، وكذلك سنرى الرواية، حتى الروايات المؤسسة كما في (السيف، والزهرة) لعلي أبو الريش، حيث سنلمح الماء – البحر مصدراً للرزق والتعايش، وكذلك مقياساً لقدرة الإنسان وكيفية تحدي أخطار البحر.. وسنرى أن البحر شكل رمزاً مهماً، وكان حضوره فاعلاً في القصة والرواية.. وهناك تمثلات في السرد الروائي لرموز البحر كالنوخذة لما يمثله من قوة في سلم التراتب المجتمعي آنذاك، وقبل التحولات، وكذلك كان ممثلاً للقوة الاقتصادية، وبالتالي امتلك النفوذ.. وشكل البحر مساحة مهمة في يقين الكاتب كملاذ ضد الجديد ومخاطره، وأيضاً شكل بعداً آخر في أنه مسرب للآخر القادم للوطن بمثالبه، مثلما فعلت رواية (شاهندة)، أو حتى روايات علي أبو الريش الأولى.

النوخذة كان رمزاً للقوة، لكنه أيضاً كان صورة متناقضة في الرواية الإماراتية، فهو في قمة الهرم الاجتماعي، ولكنه أيضاً كان مصدراً لانتقال الصيد إلى الداخل، وصورته القاسية للعاملين تحت إمرته كانت تصوره شريراً، ومرات أخرى طيباً.

وانشغلت الرواية بالماء والصحراء، حيث كانا يشكلان حاضنة الحياة ومصدر الرزق قبل مرحلة النفط، وبالتالي استخدمتهما قيم الحياة وتقاليد الجماعة، والماء ليس بوصفه مساحة لها دلالات أخرى متصلة بالحياة والاقتصاد، فهو مصدر الثروة والغذاء، وأيضاً نسج المخيال الشعبي حوله أساطير الخوف والاغتراب، حيث كان يعيش فيه الرجل بحثاً عن الثروة والغذاء، ولذا تشكلت حوله أهازيج الفرح والحزن حين الاستقبال وحين الوداع، وكان مثار خوف حين تهيج

أمواج البحر، أو يغيب في أعماقه حبيب أو ابن أو أب أو حفيد، وتشكلت منه السرديات الشفاهية، والتي تحولت إلى روايات لاحقاً، واعتبرت الرواية البحر مصدراً للخوف من الغرباء والقادمين على أمواجه، وسنرى منذ الرواية الأولى كيف كان البحر معبراً لدخول بطلة رواية (شاهندة) من بوابته لتدخل إلى عمق الصحراء لاحقاً وتشكل مملكتها.

رواية سرد الماء اهتمت بإبراز صراع العاملين على السفينة، وستكشف روايـة (شاهندة) عن واقع اجتماعي يميز بين الناس لاختلاف لونهم، وترسم معاناة العاملين في البحر من ظلم وقهر النوخذة.

في رواية (السيف والزهرة) لعلي أبو الريش، سيشكل البحر مصدراً للقلق ولدخول الغرباء الهاربين القادمين من آسيا عبر الماء للدخول إلى أرض الوطن، ليرصد لنا أبو الريش مثالب هؤلاء، وحاولت الرواية الدفاع عن قيم الجماعة من خلال التركيز على الشخصية.. وبرز البحر في هذه الرواية مصدراً للخطر والخوف مع اعتباره مصدراً للرزق والحياة. وفي عدة روايـات لعلي أبو الريش منها (تل الصنم)، (ثنائية مجبل بن شهوان)، (سلايم) يتخذ من عالم البحر مثالاً لتجسيد الصراع بين قوى المجتمع، وسيفرد للنوخذة كشخصية محورية قاهرة مساحة كبيرة من السرد، حيث إنه محرك الأحداث، ومهيمن على مركزية العمل، كاشفاً من خلاله عن الاختلال الطبقي على ظهر السفينة، وسيتخذ منه أبعاد القهر والتسلط وتمكين رأس المال.

في رواية (ساحل الأبطال) وهي رواية تحكي عن مقاومة الاحتلال الإنجليزي من خلال البحر.. لا تتحدث الرواية عن العلائق الاجتماعية على سطح السفينة، ولكنها تبرز روح المقاومة والجهاد وحب الوطن.. إنها رواية سرد الماء، ولكن في سياقها التاريخي المسجل لروح الكفاح الوطني.

في رواية (الأمير الثائر) للدكتور سلطان القاسمي، كان البحر حاضراً كما في رواية (حلم كزرقة البحر) لأمنيات سالم.. حيث اتخذت الروايتان البحر لسرد قيم الإنسان في الكفاح والنضال من أجل الوطن كما في (الأمير الثائر)، وفي رصد أثر التحولات كما في (حلم كزرقة البحر).

وفي سرد الصحراء سنجد أن هناك روايات تحصنت بها كتيمة وحاملة لقيم الجماعة، والناس تمتح منها وترتبط بها وتتحصن بها ضد آثار الحداثة، ومن هذه الروايات التي أبرزت القيم وبحثت عنها من خلال الصحراء رواية (طوي بخيتة) لمريم الغفلي، حيث رصدت فيها قيم مجتمع الصحراء، وحاولت تتبع حركة الناس في الأمكنة وفي الصحراء، وبالتالي كانت الرواية عاكسة لقيم المكان وتقاليد الناس والأسرة والقبيلة، ورصدت معاناة المرأة في هذا المجتمع.

بينما في رواية (طروس إلى مولاي السلطان) لسارة الجروان، والتي تجري أحداثها في البوادي الصحراوية الإماراتية قبل تشكل الدولة، أبرزت العلاقات الحاكمة لمفردات الأسرة وقيمها وتقاليدها الماتحة من قيم الصحراء، والتي تهتم بالرجل وتهمش المرأة.

أما في رواية (سيح المهب) فيتخذ ناصر جبران من الصحراء وقيمها وِجاءً ضد مثالب الآخر الوافد الذي يفسد الوطن، ويعتدي على قيمه وتقاليده.. الكاتب حاول أن يتخذ من الصحراء وقيمها الشهامة والنخوة والفزعة ضد آثام وشرور القادم والتحصن بالدين وتقاليد وقيم الجماعة.

بالتأكيد هذه عتبة لروايات سردت الماء والصحراء، وبحثت في قيم الجماعة المستمدة من هذه الشساعة التي كانت تخيم منهما على إنسان ما قبل التحولات، وهناك روايات أخرى في السياق، وهناك موجة من تبدل المضمون الروائي حملته روايات أخرى من مسيرة تطور الرواية الإماراتية، فمن سرد الماء والصحراء تحولت أخرى إلى سرد الإنسان والذات.

فهناك روايات بدأت تنحو نحو السيري للكشف عن اعتوارات الإنسان وكفاحه الحياتي والمعيشي، وهناك أخرى بحثت في تشظي الذات والبحث في دواخل الإنسان لفضح همومه وغربته ووحدته.. من هذه الروايات رواية (تثاؤب الأنامل) لرحاب الكيلاني، 2004م.

الرواية ارتكزت على يوميات امرأة غائبة في شكل مذكرات، وتقوم الساردة بالكشف والبحث في هذا الغياب، والعلاقات التي كانت سائدة قبله بين مفردات الأسرة، من خلال قراءة تلك المذكرات، وفضحت بها العلائق الأسرية المهمشة للمرأة، والتي صورتها أنها كانت مسجونة مادياً ومعنوياً.

وتأخذ الرواية شكل سرد سيري من خلال لغة بواحة تهتم بالكشف

عن اعتوارات النفس، وعن ذات تحترق فيها الشخصية، وتتمترس باعتوار وألم، وتؤكد الساردة في كشفها أنها قصة أقرب إلى الحقيقة.

رواية (زاوية حادة) لفاطمة المزروعي، 2009م، تبحث في سيرة الأنثى وهمومها في مجتمع محافظ .. الرواية تفرد مساحة مهمة لذكريات البطلة منذ الطفولة، وكأنه سرد سيري، وكشفت الرواية عن قيم وعادات وسيرة الأنثى المهمشة في مجتمع يهتم بثقافته الذكورية.. وكذلك تكشف عن تداخل الذاتي بالموضوعي عبر طرح إشكالية المجتمع.

في رواية (حدثتنا ميرة) للميس المرزوقي، 2010م، سنرى عند فحص الرواية هذا التعالق بين السرد والسرد السيرذاتي.. العمل يتناول سيرة أنثى منذ طفولتها، وتتبعها في المدرسة والفريج، ومن خلالها يتم رصد الواقع المحيط وتشكلات التحول في المجتمع.

وهناك روايات أخرى في ذات السياق (ريحانة) لميسون صقر، ورواية (الطائر بجناح أبعد منه) لناصر الظاهري، و(حدث في إسطنبول) لكريم معتوق، ورواية (الدائرة) لجمعة الفيروز.

الرواية الإماراتية التي اتسعت كمياً، وتنوعت رؤاها فنياً، اشتملت على البعد الاجتماعي، وعملت على فضح العلاقات الإنسانية والاجتماعية المتشابكة بين أفراد المكان الروائي والاجتماعي الواقعي.. واتسعت لتبحث الآن في العلاقات الإنسانية العميقة، والباحثة في الذات ومكنون النفس، وما يعتور الذات البشرية من أحداث ومشاعر في ظل مجتمع بات يحمل في سياقاته تناقضات

المدينة والحياة الجديدة بكل سلبياتها التي تحكمها علائق الاقتصاد وسطوة المال وروتين العمل الذي أصبح الإنسان الإماراتي مربوطاً وحياته بهذه الآلية العملية الجديدة.. الرواية الآن بدأت تنفتح على الداخل الإنساني، وعلى فضح تلك المشاعر العميقة التي سورت إنسان اليوم، وإن كان ما زال أمامها مشوار طويل نحو الإمساك بتلابيب الفن ومتعة الدهشة والأداء الفني المحكم، رغم أن هناك روايات بالتأكيد تمتلك ذلك وتتفوق في دهشتها؛ وما رواية (غرفة واحدة لا تكفي) لسلطان العميمي إلا مثال نموذجي للحديث حول الرواية الإماراتية وتوجهها نحو بحث علاقة الإنسان بنفسه، والكشف عن اعتواراته وتوحده وتشظيه في مجتمع الاستهلاك والمادة.

الرّواية الإماراتية وجماليّات الاستجابة إلى متغيّرات الواقع

بين الحنين إلى الماضي والاستجابة للواقع

(نماذج روائية)

د. زينب عيسى الياسي

تمهيد:

تنقّلت الرواية الإماراتية منذ عقود خلت إلى العقد الثالث من القرن الحادي والعشرين إلى مواقع مختلفة من حيث المضامين والتشكيل، ويمكننا أن نعزو هذا التنقُّل في المضامين إلى أسباب متعددة في مقدِّمتها: التجريب والرغبة في ممارسة فعل الكتابة لمواضيع فيها الحنين إلى أمكنة الماضي حيناً، وإلى عوالم وشخوص حلَّ عليها النسيان بفعل التقادم الزمني حيناً، وصولاً إلى الخوض في قضايا الإنسان وعوالمه المتخيّلة، كما في رواية (أجل مسمى) للروائية الإماراتية حصة الجارودي أحياناً أخرى، أو الكتابة حول عوالم الإنسان المعاصر وما يعيشه من صراع مع الواقع، كما في رواية (عفراء) للروائية والكاتبة الإماراتية أسماء الزرعوني.

أولاً: الذاكرة والتجريب:

إنَّ التجريب بين قضايا الماضي وقضايا الحاضر حرَّك النتاج الأدبي السردي الإماراتي بشكل عام، والنتاج الأدبي الروائي بشكل خاص؛ مما أدى إلى تنوّع النتاج الروائي للمبدع الإماراتي بين قضايا الماضي والحاضر، باحثاً عمّا يلبي حاجته إلى التعبير، متنقلاً بين قضايا البحر، كما في رواية (تيتانيك الأحلام) لعبد الرضا سجواني، وقضايا الأرض كما في رواية (آخر نساء لنجة) للروائية لولوة المنصوري، وروايات (طوي بخيتة) و(بنت المطر) و(الزغنبوت) للروائية مريم الغفلي. هذه الروايات التي تناولت الماضي بمختلف تشابكاته، ذلك الماضي الزمني للإنسان الإماراتي بتعالقاته بالمكان حيناً، كما في رواية (طوي بخيتة)، ومتعالقاً مع الأحداث حيناً، كما في رواية (تيتانيك الأحلام)، حيث حدث غرق السفينة (دارا) في ستينيات القرن الماضي، وغيرها من الروايات الإماراتية التي جاءت مشبعة بعبق الماضي ورائحته، ولعل ذلك يعود إلى أسباب عدة، حين يحمل الكاتب الماضي على ظهره يسير به عبر الأزقة العتيقة، وبين البيوت المتهالكة والأديم السبخ برائحة البحر وعرق الإنسان القديم، إلى أن يساقط أحماله على الورق ليصنع عالمه الروائي، هذا العالم الذي يبنيه الروائي أو السارد لأسباب عدة منها:

1 – بناء للذاكرة الجماعية[1]، فمن خلال جوانب منتقاة وأحداث مختارة، يتم تسليط الضوء عليها لبناء الذاكرة الجماعية، فيتم استدعاء الذاكرة الفردية من خلال رواة المشافهة والتاريخ وشهود عيان عاصروا واطلعوا وسمعوا بتلك الجوانب أو الأحداث، فيقوم مختص

بتدوينها وحفظها في سجل تاريخي وثائقي، أو من خلال قالب فني أدبي شعري أو نثري، وهو ما يبني الذاكرة الجماعية بصورة متزنة موضوعية.

مثال: رواية (سلطنة هرمز) للروائية الإماراتية ريم الكمالي؛ فهي رواية حركت الذاكرة الجماعية الإماراتية تجاه فترة زمنية وأمكنة تاريخية مهمة غيَّبها الزمن، وبهذا يمكننا القول إن عملاً أدبياً فردياً حرَّك ونشَّط الذاكرة الجماعية الإماراتية والخليجية.

2 – تحويل الذاكرة إلى مشروع[2] بنائي ارتقائي للذاكرة والهُوية، فإن استحضار الماضي في قالب فني أدبـي، هو إنعاش للذاكرة الجمعية والهوية للإنسان.

3 – الذاكرة تجلب معها العاطفة[3]، عاطفة نحو معاناة الماضي وآلامه ومعاناته، وبموازاته صبر وتجلد إنسان الأرض في هذه الطبيعة الصعبة حباً وانتماء إلى هذه البقعة التي تحوي ذكرياته وذكريات آبائه وأجداده، كما في رواية (سلطنة هرمز) للروائية ريم الكمالي، حين ترسم ملامح معاناة وعذابات الإنسان في هذه الأرض نتيجة الظروف الطبيعية القاسية، ومحاولته لتطويع الأرض؛ فيأتي الغزو البرتغالي ليحفر في أديم الأرض بدماء الإنسان، ويحفر في أنوف البشر من خلال (جذع الأنوف)[4] علامة فارقة، وملمحاً لا يزول. وكما في رواية (الزغنبوت) للروائية مريم الغفلي، حيث معاناة الإنسان وابتثاره آلامه ومعاناته من العبودية والرق، ومحاولته نسيان الماضي الذي يعشّش في روحه ألماً ونزفاً.

إنَّ الماضي الذي رسمه ويرسمه الكاتب والروائي إنّما جاء نتيجة حاجة لديه إلى التعبير عن عوالم ماضيه من أجل حفظها أو مساءلتها أو غيره. وهي أيضاً تحقق العديد من النتائج عناها الروائي، أم لم يعنها؛ فهي متحققة نتيجة لتوظيفه للماضي بشخوصه وأمكنته وأحداثه، وبموازاة كل ذلك يبقى الماضي مادة خصبة ثرية في رسمها للعالم الروائي والفني.

وبموازاة الماضي، جاءت روايات إماراتية تتناول الواقع وقضايا الإنسان المعاصر، وتحمل همومه وهواجسه، وتعبر عن آماله وآلامه ومعاناته، كما في رواية (أجراس 90 دقيقة في دبي)، ورواية (ذوات) للكاتبة زينب الياسي، وروايات (السقوط إلى أعلى) و(سيف) و(في حب التنين الأصفر) للروائية فتحية النمر، وغيرها العديد من الروايات والمعالجات للواقع المعيش للإنسان المعاصر.

ثانياً: حنين إلى الماضي (نماذج روائية):

هناك العديد من الروايات الإماراتية التي جعلت من الماضي مادة ينبني من خلالها العالم الروائي، وهو العالم الذي يزاوج فيه الكاتب بين الماضي بأحداثه وأمكنته وأزمنته وشخوصه، وبين المتخيل الذي يرسم صورة جمالية فنية للعمل، تخرجه من قالب التوثيق والتاريخ إلى عالم فسيح من الإبداع والأدب والجمال الفني، وهو الأمر الذي مارسه العديد من الروائيين الإماراتيين، فعند الوقوف بين يدي رواية (تيتانيك الأحلام) للروائي عبد الرضا سجواني؛ تلك السفينة التي احترقت وغرقت عام 1961م، فاستقرت في قاع الخليج العربي،

وبلغ عدد ضحاياها 238 راكباً من الرجال والنساء والأطفال؛ فإننا نجده يقول: «لقد وجدتُ – وأنا أستلهم ذاكرتي – أن هناك من يتوق للإبحار بصحبتي، بغية التجوال والتطواف عبر حياة الماضي، إبان تلك الواقعة المفزعة، ميممين ناحية عوالمهم الملهمة، التي تفتّقت عن مرافئ أتراحهم بأفراحهم، وخوض غمار مصاعب العيش آنئذ وشقائه، علّنا نتلمس بعد ذلك ولو على شطط، ما حملهم وألقاهم في خضم بحر قيمهم الذرّة، وشواطئ آفاقهم المتفرّدة»[5].

إنَّ الحفر في الماضي يتطلب جهداً مضنياً من الكاتب، حيث يغوص في أروقة التاريخ للحدث من أجل استظهار مادة تتواءم مع ما يرغب الكاتب في اقتناصه، فيقول الروائي عبد الرضا سجواني عن ذلك: «بعد جهد مضن، امتد لأكثر من سبع سنوات، اتكأ على منهجية التنقيب الجاد من عمق إرهاصات الأمس، في ضوء ملابسات غرق السفينة دارا بعيد الحريق العظيم، الذي نجم عن أصعب عملية هوجاء قوامها المقت، ومرتكزها الجور..»[6].

لقد انحاز الكاتب والروائي عبد الرضا سجواني إلى الأمكنة راغباً في إنعاش ذاكرة المكان من خلالها، فقد جعلها «رواية تنحاز إلى دبي قلباً وقالباً مستحضراً من قلب الوجع حكايا تستحق أن تروى»[7].

فيمشي ناحية الخور بين أزقة البيوت الوادعة، مستعيداً أمكنة من وحي الذاكرة: «.. تتشكل إرهاصات الحياة، عبر أحياء (كالمرج) و(شريقان)؛ امتداداً إلى حي (بحران)، وغيرها من الأحياء الأخرى. المحتضن إياها البحر قريباً من صدره في بعض منها. وفق وتيرة تحاكي واقعاً ساذجاً، لا يجيد العوم عبر خضم المراوغة والتحذلق..

ولا بأي وجه من وجوههما القميئة، ولا شكل من أشكالها المكفهرة.. فهذا (سهمان) لا يفتأ سائراً دائراً، آخذة إياه قدماه عبر كل جهة وزقاق من حي (المرج)، هاتفاً بصوت عالٍ: تلي جديم. ولا بد من ضلفة باب لأحد البيوت المتهالكة أن تفتح له»[(8)].

ويصوّر الروائي ولوج الأسر بالرجال والنساء والأطفال إلى السفينة الحلم (دارا) مفعمين بالفرح والانشراح: «وما إن وطِئت أقدام إحدى العوائل سلَّم (دارا) مودعين السفينة الخشبية المتلاعبة بالمياه المائجة، متنفسين الصعداء، بابتسام يرسم لوحة سعادة على محيّا كل منهم، حتى سارع الأطفال الأربعة مهرولين إلى جوف دارا، تغمرهم الفرحة في صور قشيبة لم تتداخل عبر وجودهم الغض قبلاً. في ذواتهم المفعمة بالبراءة، التي لا عهد لها بمثل ذلك الصرح المتفرد»[(9)].

فالقلوب متعلقة بهذه السفينة العائمة الضخمة، التي لا عهد لهم بالإبحار بها، هي حلم تشتهيه القلوب، ولكن تأتي رياح البين لتسفّ ذلك الحلم الذي لطالما راود القلوب والعقول، فيوضح: «تركت (سلمى) – التي هي إحدى راكبات السفينة – المكان، وإذ هي في إعياء شديد. غير أن ما يعتريها يكاد أن يدمي فؤادها! فقبل دقائق كانت الفرحة لا تسعها، تملأ حياتها بالبهجة.. وهي ترى نفسها على متن دارا، أمنيتها التي ترقبتها منذ سنوات..»[(10)].

تضيع الأحلام مع دوي هائل يصم الآذان، تشب النيران في السفينة الحلم؛ فيذكر: «ومن طيات سكون قد أطبق أذياله منذ حين رابضاً في ترصّد في أحشائه...! يملأ الأسماع بل يصم الآذان دوي هائل فتت أواصر الوداعة! ليعقبه دوي آخر يقحم رعباً على الرعب! ويأخذ

الظلام بالانقشاع حول السفينة، بعد أن شبّت النيران وتعالت ألسنة اللهب.. في دبيب وتدافع جري الركاب وكل شيء تبدل.. ارتطام وتحطم وتناثر، وتختلط أصوات الاستغاثة والاستنجاد بأصوات فرقعة الآلات وصوت بوق السفينة المتتابع، وصراخ يتخلله الهتاف والبكاء وعبارات الهلع..»[11].

إن الروائي عبد الرضا سجواني ومن خلال روايته (تيتانيك الأحلام)، والتي سميت في الوثائق البريطانية بـ(تيتانيك الخليج) يرمي إلى هدف وهو كما يقول: «من ضمن أهدافي الرئيسة من إصدار الرواية، أن أهتف بأعلى صوتي أن الإمارات بإمكانها، بل إن الريادة والإمكانيات متاحة لها، بأن تتألق بفيلم سينمائي يتناول كل المعايير العالمية»[12]، وهو ما يمكن أن يرسم ملامح ذاكرة جماعية غيبتها السنين لتعود إلى الواجهة بشيء من الفن العالمي، حيث الإنسان والآمال والمآل والمصير.

ثالثاً: الإنسان المعاصر ومتغيرات الواقع رواية (ذوات):

لقد تناول الكتّاب والروائيون الإماراتيون الواقع المعاصر في كثير من أعمالهم الروائية والسردية، وقد كان للقضايا المختلفة حضور ورؤية بحسب توجه الكاتب، فهناك كاتب تناول هموم ومعاناة الإنسان اليومية، كما في رواية (عفراء) للكاتبة أسماء الزرعوني، وهناك من تناول إشكالية العلاقة بين ثنائية الرجل والمرأة، كما في رواية (أجراس 90 دقيقة في دبي) للروائية زينب الياسي، ومن تناول علاقة الإنسان بالآخر المختلف عنه ثقافياً، كما في رواية (في

حب التنين الأصفر) للروائية فتحية النمر، أو علاقته مع المتغيرات للواقع وحاجة الإنسان إلى التواصل والتجاوز، كما في رواية (سيف) للروائية فتحية النمر، أو تناول علاقة الإنسان بمفاهيم مثل الخير والعطاء وتفاعله معها، كما في رواية (ذوات) للروائية زينب الياسي، وسوف أتوقف عند هذه الرواية.

تدور أحداث هذه الرواية الصادرة عن دار نوفا بلس، حول مفهوم العطاء والبذل الذي يقدمه الإنسان، وماهية المردود أو المقابل نتيجة للعطاء، وقد كان الدخول لهذا المنعطف من خلال العلاقة الإنسانية التي تقدمها الأم البديلة، والتي هي هنا في رواية (ذوات) هي زوجة الأب (بشرى)، التي ترعى أبناء الزوج منذ طفولتهم البكر، تحتضنهم، تحنُّ عليهم، تعطف على طفولتهم الغضة، وهي المرأة التي حُرمت من الإنجاب، فتسأل نفسها:

«هل الأمومة بالإنجاب والمخاض والولادة؟

ألا تُعد زوجة عمي أماً لي بعد شقاء سنوات من تربيتي ورعايتي وضمّي بين أهداب عينيها؟»[13].

إنها تسأل هذا السؤال الذي فيه ما يعنيها ويعني عطاءها وبذلها لأبناء زوجها، الذين نشؤوا وترعرعوا بين جوانحها، فتعود لتسأل عن الحب الأنثوي للأطفال، وهل العطاء للأبناء من أجل أن يكون له ثمارٌ في الكبر، فتسأل نفسها وعن علاقة بربائبها:

«.. لِمَ يصيبني القلق الآن؟ هل كنتُ أنتظرُ مردوداً. أم أنتظرُ مقابلاً؟

اغرورقت عينايَ بالدمع..

ومن الأساس: هل هم مُلكٌ لي؟ حينَ منحتُ، هل كان منحي من أجلهم أم من أجل مردودٍ يعود إليّ»[14].

هي تسائل ذاتها المترقبة، المتوجسة، تسائلها عن حقيقة عطائها وبذلها للأبناء، وهو سؤال مشروع، ولكن إجابته كانت قد استقرّت في الوعي الجمعي بأن تربية القطط أفضل من تربية أبناء الزوج، فنجد ذلك الصوت الذي يقول:

«أنتِ تتعبين عليها، وفي النهاية سترميكِ في استراحة الشواب.

حدجتها بنظرة ذات معنى، أجبت:

الخيرُ يُثمر في أهله.

قهقهت باستهزاء:

– تربية القطط ولا تربية أبناء الزوج»[15].

فتأتيها الإجابة من أعماقها بعد لأي من التفكير:

«أنا أعطيتُ حباً، ولا أنتظر مقابلاً، كنتُ بحاجة إلى المنح والبذل. لقد أعطيتُ اهتماماً وحباً، وفي مقابله أخذتُ منهم قبولاً وحباً..»[16].

إنها تعيش لحظة فارقة في علاقتها بمن تربوا بين يديها، هو حقهم بالقرار، حقهم في العودة إلى والدتهم، وتركها تعيش وحيدة بلا امتداد:

«لقد حضروا فأرووا شرياني بدماء الحياة، وجددوا وجودي

فجعلوني أكتشف المعنى من وجودي، والمعنى من وجودهم حولي، إذاً هم أدوا أدوارهم وكفى.

غالبت دمعة كادت تسقط في عمق الحقيقة»[17].

إنّ قضايا الإنسان المعاصر المختلفة والكثيرة والمتشعبة، ومناقشتها من الأدباء والروائيين ما هي إلا حاجة مهمة يتطلبها الأدب الإنساني حين يكون مشتركاً في التفكير الجمعي، حين يحضر عقل المؤلف مع عقول القراء على طاولة النص من أجل قراءة لقضايا مختلفة، تشكل هواجس وشواغل فكرية واجتماعية، مما يسهم في تلاقي العقول وتحاورها – وإن كان الجميع في عوالمهم المغلقة – لكنها حتماً ستنفتح ليتردد صداها يوماً في الواقع بألوان وأنغام ترسم مستقبلاً أفضل، مستقبلاً أفضل من حيث إيجاد إجابات للعديد من التساؤلات والقناعات التي تدور في ذهن الإنسان المعاصر.

الهوامش:

1 – مقالــة بعنوان: الذاكرة والمــكان، عدي مصاروة، ملحق الحياة الثقافية، ج 2، ع 6641، (2014/5/4هـ).

2 – الذاكرة، التاريخ، النســيان، بول ريكور، تــر: د. جورج زيناتي، دار الكتاب الجديد المتحدة، بيروت، ط 1، 2009م.

3 – الذاكــرة في الفلســفة والأدب، ميــري ورنوك، تر: فلاح رحيــم، دار الكتاب الجديد، بيروت، ط 1، 2007م، ص 130.

4 – رواية سلطنة هرمز، ريم الكمالي، دار كتّاب، الإمارات العربية المتحدّة.

5 – تيتانيك الأحلام، عبد الرضا سجواني، دائرة الثقافة، الشارقة، 2017م، ص 8.

6 – المصدر نفسه، ص 8.

7 – جريدة البيان، عدد 1 صفر 1443هـ – 09 سبتمبر 2021م،

https://www.albayan.ae/books/author-book/2018-01-23-1.3166735

8 – رواية تيتانيك الأحلام، ص 14.

9 – رواية تيتانيك الأحلام، ص 168.

10 – المصدر نفسه، ص 197.

11 – المصدر نفسه، ص 201.

12 – جريدة البيان، مصدر سابق.

13 – رواية ذوات، زينب الياسي، دار نوفا بلس، الكويت، ط 1، 2020م، ص 32.

14 – المصدر نفسه، ص 33.

15 – المصدر نفسه، ص 119.

16 – المصدر نفسه، ص 33.

17 – المصدر السابق، ص 36.

المصادر والمراجع:

1 – رواية تيتانيك الأحلام، دائرة الثقافة، الشارقة، ط 1، 2017م.

2 – رواية ذوات، دار نوفا بلس، الكويت، ط 1، 2020م.

3 – رواية سلطنة هرمز، دار كتّاب، الإمارات العربية المتحدة.

4 – الذاكرة، التاريخ، النسيان، بول ريكور، تر: د. جورج زيناتي، دار الكتاب الجديد المتحدة، بيروت، ط 1، 2009م.

5 – الذاكرة في الفلسفة والأدب، ميري ورنوك، تر: فلاح رحيم، دار الكتاب الجديد، بيروت، ط 1، 2007م.

6 – جريدة البيان – عدد 1 صفر 1443هـ – 09 سبتمبر 2021م،

https://www.albayan.ae/books/author – book/2018 – 01 – 23 – 1.3166735

7 – مقالة بعنوان: الذاكرة والمكان، عدي مصاروة، ملحق الحياة الثقافية، ج 2، ع 6641، (2014/5/4هـ).

الرّواية وجماليّات الاستجابة إلى متغيّرات الواقع

دراسة في المضمون والشكل الفنّي

د. بديعة الهاشمي

قبل الشروع في إعداد هذه الدراسة كانت لي وقفة لتأمل عنوان الندوة: «الرواية الإماراتية من سرد الماء والصحراء إلى سرد الإنسان»، وتساءلت: هل كانت الرواية منذ ظهورها وحتى اليوم إلا شكلاً من أشكال تعبير الإنسان عن الإنسان؟ ألم تكن، منذ ظهورها في الأدب الإماراتي وغيره من الآداب، غير: «الشكل النثري الكبير الذي يستقصي فيه المؤلف، من خلال أنوَات تجريبيّة (شخصيّات)، إلى أقصى حدٍّ، بعض موضوعات الوجود»[1]. على حدّ تعبير ميلان كونديرا؟ وجود الإنسان في هذا الكون، والمكان الذي يحوي هذا الوجود، وكل ما يشكّله ويحيط به، يفكر فيه ويتخيله، يبنيه ويحوّله ويغيّره. والحديث عن وجود الإنسان يقتضي بالضرورة الحديث عن ظروف ومفاهيم عديدة تحيط به في عصر من العصور ومرحلة تاريخية ما، ظروف اجتماعيّة واقتصاديّة وسياسيّة وفكريّة وثقافيّة وطبيعيّة.

وهو بالفعل ما طالعتنا به أولى الروايات الإماراتيّة «شاهندة» لراشد عبد الله النعيمي الصادرة عام 1971م، التي نقلت لنا صورة البحر والساحل، والقرية والصحراء، كما صوّرت بطش النّوخذة ومعاناة «شاهندة» وأسرتها، وحكت لنا حكاية الفقر والجوع والغنى، حكايةَ انتقام الإنسان وخيانته، عبوديّتِه وتوقه إلى الحرية والخلاص.

ولعلّ ما يرمي إليه عنوان الندوة في دلالته الانتقالية التأويليّة (من.. إلى) هو استكناه العلاقة بين الرواية ومتغيّرات الواقع، ومدى استجابتها لما يطرأ من تغيّرات في الفكر البشري، وظروف الإنسان في المجالات كافة على صعيدي المضمون الروائي والشكل الفنّي. وهو أمر لا يخرج عن المنطق التّاريخي في العلاقة بين الواقع والإبداع. وهو ما تهدف هذه الدراسة إلى تسليط الضوء عليه من خلال عرض بعض النماذج الروائية الإماراتيّة.

أولاً: الرواية والتعبير عن الواقع:

إن الشكل الروائي قد وُلد أساساً في أوروبا في كنف التحولات الاجتماعيّة الكبيرة، التحوّل من المرحلة الإقطاعية التي كانت «الملحمة» هي الشكل التعبيري الأول عنها، إلى المرحلة البرجوازية التي باتت الملحمة قاصرة عن تمثيلها. ومما لا شكّ فيه أن الرواية هي الشكل الأدبي الاجتماعي بامتياز. فهي الجنس الأدبي الوحيد الذي مسّت مضامينُه «بشكل مباشر الظواهر الاجتماعية، أكثر من أشكال ومضامين الفنون الأخرى، باستثناء السينما»، كما يقول ميشال زيرافا في كتابه «الرواية والمجتمع».

وهي كذلك الجنس الأدبـي «القادر على نقل الأزمنة الصعبة والمأزومة... ويبدو أن الكاتب الروائي قد لجأ إلى استجلاء صور هذه الأزمة، وكأنه أدرك عِظَم المسؤوليّة الملقاة على عاتقه، وذلك من خلال إبراز الخلل الذي يصيب المجتمع والعطالة التي تهزّ القيم والثوابت»[2].

وبذلك أصبحت الرواية تنطق بصوت المجتمع وتحوّلاته، والواقع الإنساني وتغيّراته وتناقضاته بصدق وشفافية. ولم تكتفِ الرواية بتصوير الأمكنة والشخصيّات والحوادث، ولم تقف عند حدود وصف مجريات الواقع فقط، بل إن بعضها اتخذ من النقد الاجتماعي والفكري والحضاري وسيلة لتشريح الأزمات وإبرازها وتحليلها، بُغية تقديم علاجات تسهم في طرق الخلاص منها. وهذا أدلّ شيء على أن الرواية قابلة دوماً للتطوّر ومواكبة التحولات التي تحيط بالوجود الإنساني. وما ظهور ما يسمى اليوم بالرواية الرقمية أو التفاعلية إلا شكل من أشكال هذه الاستجابة الجماليّة لتغير ملامح الواقع الاجتماعي والثقافي والاقتصادي.

وتجدر الإشارة هنا إلى مصطلح «الرواية الجديدة» أو «الرواية الحديثة»، التي ظهرت كصورة من صور الاستجابة الفنيّة في الفن الروائي لمتغيّرات العصر والواقع، فهي لا تسعى إلى «تصوير الطبيعة البشريّة في أوجهها المختلفة، بل ينصب اهتمامها على الطبيعة الإشكاليّة للخبرة الفرديّة، ولا تعتمد الوصف والتحليل والتفسير، بل على افتراضات مضمرة»[3]. فالبطل لا يؤمن بقدرته على التأثير في الوجود الإنساني، بقدر ما يؤمن بذاته الفرديّة؛ لذا تبدو العلاقة بين الفرد والجماعة ليست محل اهتمام هذه الرواية.

ثانياً: استجابة الرواية الإماراتيّة لمتغيرات الواقع على صعيد المضمون الروائي:

إن العمل الأدبي، بحسب النظريّة السوسيولوجيّة، تعبير عن المجتمع في المقام الأول، كما ذكرت مدام دي ستال في كتابها (عن الأدب في علاقاته بالمؤسسات)، التي كانت أول من نبّه إلى أهمية العلاقة بين الأدب والمجتمع من جهة، وبينه وبين السياسة من جهة أخرى. ويرى هيبوليت تين أن الأدب لا يمكن استيعابه أو تحليله بعيداً عن إطاره الاجتماعي وخصائص عصره، فالعلاقة بينهما عضويّة تنهض على عنصري التأثّر والتأثير المتبادلين. أما لوكاتش فقد أكد أنه ليس ثمّة أي تعارض بين علم الجمال وعلم الاجتماع، وأن القيمة الجماليّة للنص الأدبي لا يمكن أن تتحقّق إلا إذا تجسدت في ظاهرة اجتماعيّة ملموسة، وأنه إذا تخلى الأدب عن تلك القيمة فَقَدَ جدواه الاجتماعيّة.

وفي الرواية الاجتماعية الواقعيّة لا يملك الروائي إلا أن يتعاطى مع الواقع كمادة خام متنوعة ومتسعة، يختار منها ما يشاء، ثم يطوّعها وفقاً لرؤيته للعالم ومضمون روايته. فيشكّل ملامح عالم يماثل العالم الذي يعيش فيه ويبني شخصيّاته، ويرسم تفاصيله ويصوّر أماكنه؛ وبذا تكون قضايا الواقع ومتغيّراته موضوعاً لروايته. وعلى صعيد الرواية في الإمارات فقد تجلّت هذه الاستجابة المضمونية بشكل واضح من خلال عدد غير قليل من الروايات. منها:

1 – إشكاليّة علاقة المثقف «الكاتب/ القارئ» بما يقرأ ويكتب وأسئلته القلقة:

تثير رواية (غرفة واحدة لا تكفي) لسلطان العميمي إشكالات عدّة، منها إشكاليّة علاقة المثقف القارئ والكاتب بما يقرأ ويكتب، وذلك من خلال تجليات علاقته بما يحيط به، مثل: حاجته إلى العزلة، ووسائل التعامل مع أدواته الفنيّة، وانعكاس ذلك على حياته وتقلّباته ومزاجه الكتابي، وحبكته الأدبيّة، والقلق والهواجس التي تصيبه، حتى تكاد تصل إلى الرغبة في الانتحار. كلّ ذلك من خلال طريقة ذكيّة تتجلّى في الرواية من خلال علاقة الكائن الورقي – على حد تعبير رولان بارت – «قرواش»، بموجده الذي يشبهه إلى حد كبير، والذي حبسه في غرفة بجانب غرفته، في محاولة منه للإجابة عن سؤال لطالما راوده: «أين يذهب أبطال الروايات والقصص التي نكتبها بعد أن ننتهي من كتابة أعمالنا؟»[4].

وهذا شكل من أشكال فرض سلطة الراوي التي يمارسها بعض الكتّاب على شخصيّاتهم الروائية، من حيث اختيار الاسم وسير الأحداث وتحديد المآل والمصير، إذ يقول الكاتب لشخصيّته حينما تطلب منه إثبات صحة ما يدّعيه، في الحوار الدائر بينهما في آخر الرواية: «لست بحاجة لإثبات أي شيء لك، بفقرة واحدة يمكنني إنهاء دورك الآن في هذا العمل، بل وتغيير اسمك والأحداث التي أودّها كما أشاء»[5].

وهذا التشابه الكبير الذي تكتشفه الشخصية الورقية بينها وبين مبدعها من خلال تلصصها عليه، يعكس معاناة كاتبها المبدع الذي

حبسها، كما يرمز بصورة ما إلى بعض ملامح إنسان هذا العصر. فقرواش يعاني من التيه والقلق والحيرة وفقدان الهوية، لا يعرف عن نفسه الكثير، يجهل ملامحه، ويحتاج إلى مرآة صادقة لتعكس له صورته الحقيقية، تزدحم حياته بالأحداث ولا يملك لها تفسيراً، يشعر بهزيمته أمام قسوة الحياة ومصاعبها، شخصية ترهقها الأسئلة المصيريّة ولا إجابات شافية، يقول «قرواش»:

«لقد تعبت من سؤال نفسي: متى سينتهي كل ما يحدث لي هنا؟!

أشعر بالاختناق، بالرعب من مصيري، بهزيمتي أمام الحياة، بضعفي...

كيف تحولت حياتي بين يوم وليلة لتصبح بهذا الشكل من البؤس والمهانة؟

كيف حدث ما حدث رغماً عن إرادتي ووعيي؟ أين كنت وأين أصبحت؟...

كيف فقدت كل هذه الحياة ومتعها فجأة؟!»[6].

وهذه الحالة الضبابيّة التي يعيشها بطل الرواية، تثير مجموعة من الأسئلة القلقة لدى القارئ، تتماهى وظروف عصره: هل يشعر مثقف هذا العصر بمثل هذا التيه والتوتر حيال واقعه فعلاً؟ هل الحياة مجرد تلصّص؟ وهل الإنسان بحاجة إلى التلصص لمعرفة ذاته؟ هل القراءة شكل من أشكال التلصص؟ كما تنص عتبة المدخل التي تُفتتح بها الرواية:

«في غرفة صغيرة بمكان مجهول، ثمة شخص يتلصّص من ثقب الباب على شخص كان يتلصص على شخص آخر في الغرفة المجاورة له.

كانوا يتلصصون جميعاً على أشخاص آخرين دون توقف، ولا يفعلون شيئاً سوى ذلك!»(7).

وكما يعترف الروائي لشخصيته:

«حياتنا يا عزيزي قائمة على التلصص والفضول بدرجة كبيرة في شتى نواحي حياتنا. القراءة شكل من أشكال التلصص. ما تنقله وسائل الإعلام لنا هو شكل من أشكال التلصص على ما يحدث في العالم... عندما نقرأ لكاتب ما، فإننا نتلصص على أفكاره وآرائه»(8).

كما تستدعي الرواية مجموعة من الكتب والروايات والأغاني والأعمال الدرامية والسينمائية على لسان «قرواش» المحبوس في غرفة كاتبه الروائي، فيستمد منها قوته ويسقطها على واقعه القلق في عزلته الإجباريّة التي تختبر صبره. فنجده يتماهى مع بعضها، ويجد سلواه وعزاءه في الأخرى. ومنها: كتاب (الهويات القاتلة) لأمين معلوف، ورواية (الجميلات النائمات) لكواباتا، ورواية (العمى) لجوزيه سراماغو، وفيلم «Cast away»، وفيلم «Secret in their eyes» ومسلسل «الأخ الأكبر Big Brother»، وغيرها. وذلك في إشارة جلية إلى دور الأدب والفن في حياة الإنسان، وتلميح ذكي إلى مقولة بول فاليري: «ما السبع إلا خراف مهضومة»، التي تلخص علاقة المؤلف بإبداعه وتشير إلى ظاهرة التناص في الإبداع الأدبي.

2 – التعصّب الديني والإرهاب وأثرهما في المجتمع:

تتناول رواية (نداء الأماكن.. خزينة) لمريم الغفلي، موضوع الإرهاب والتعصّب الديني وأثرهما في حياة الإنسان والأسرة، كاستجابة لمتغيرات الواقع السياسي. وقد تبدى ذلك من خلال شخصية «غانم» الذي هجر زوجته وخان وطنه بسبب الوهم الذي سكن عقله تحت تأثير أحد أصدقائه المتشددين، بعد أن كان يظن أنه مخلص لوطنه وأنه: «ليس هناك في هذه الأرض من هو أكثر وطنية منه... فمتى حدث التغيير؟ ماذا جرى؟ من الذي عبث بحياته، ودس له السم في العسل؟»[9].

فالرواية تعكس التغيير الذي طرأ على المجتمع في الفترة ما بين الثمانينيات وبداية التسعينيات من القرن الماضي، إذ: «انتشرت بين الشباب موجة التديّن، خاصة مع ظهور دعاة جدد. وبدا أن هناك يقظة دينيّة فرح بها الجميع، انعكست تلك الموجة جليّاً على الشوارع...»[10]، ولكن ما لبثت أن تغيرت ملامح الأفراد في المجتمع إلى هيئة لم تكن مألوفة من قبل فـ«أصبحت الوجوه أكثر عبوساً، وأكثر تعباً. الزمن عبث بالوجوه التي غاب عنها الفرح والتفاؤل.. اختفى كل شيء. كأن فرشاة رسام قد عاثت بالوجوه... ضاعفت كل ذلك صعوبة الحياة على بعض فئات المجتمع..»[11].

وقد كان «غانم» أحد ضحايا هذا التغيير، متأثراً بصديقه «مروان» الذي أصبح أكثر تشدّداً، وأخذ يدعوه إلى قراءة الكتب التي غيرت أفكاره وقناعاته كثيراً، فانخرط بعد مدة في إحدى الجماعات الدينية المتشددة، فطلب من جدته «خزينة» الأموال للتبرع للأعمال

الخيرية وبناء المساجد، فقام بتحويلها إلى الجماعة في الخارج. وبعد أن يسافر إلى أفغانستان بتأثير من «أبي إسلام» الذي دفع به إلى الجهاد، يكتشف هناك أن أمواله تذهب إلى تمويل جماعات لا يعلم أحد حقيقتها أو عملها، وتستعمل في مآرب إرهابية.

ودون شك فقد تأثرت علاقة «غانم» بزوجته وأبنائه جراء ذلك كله، وأخذ ينتقد أفعالهم وتصرفاتهم، ويفرض عليهم ما لم يعتادوا عليه في السابق، ويضيّق عليهم سبل حياتهم، وبعدها يهجرهم ويبتعد عنهم.

ومن المواقف الحوارية التي رصدت هذا الصراع الفكري بين أفراد المجتمع، وصورت التغير الذي طرأ عليه، ما دار بين «سارة» و«أم عمر» و«غبيشة» في مجلس «سارة» زوجة «غانم» في إحدى الجلسات التي تجتمع فيها نساء الحي. وذلك حينما تعالى صوت التلفاز بسبب مشاهد الرعب والتفجير في نشرة الأخبار، فجرى حديث حول الأفكار المغلوطة التي تبرر بها الجماعات المتشددة أفعالها النكراء، والاعتداء على الآخرين بأعمالهم الإرهابية بحجة التكفير، ومنه:

«هذه المرة انبرت غبيشة لأم عمر قائلة:

– أنتم وغيركم تفهمون الأمور، وتصلكم على غير ما شرّعت له، فما دامت مظاهر الإسلام موجودة في المجتمع، فلا يجوز تكفير المجتمع.

قالت أم عمر بحدّة:

– عزيزتي، أنت لا تفهمين شيئاً، هؤلاء الكفّار يستحقون ما يحصل لهم في بلداننا الإسلامية، وخاصة الجزيرة العربية.

قالت سارة مستغربة:

– ولكن هؤلاء دخلوا حسب الأنظمة والقوانين وبشكل رسمي، ولا يجوز الاعتداء عليهم؛ لأنهم ضمن فئة المعاهدين، والمعاهد يستحق أن يُعصم ماله ودمه وعرضه.

أم عمر بنبرة الواثق من نفسه:

– هناك الكثير من الفتاوى التي تتيح للمسلمين قتل النساء والأطفال في حال الدفاع عن الدين والجهاد ضدّ العدو.

صرخت سارة:

– حرام عليك يا أم عمر، أنتِ من يفترض بك أن تكوني أكثر معرفة ووعياً، ولا تأخذين الأمور على ظواهرها.. تتفوهين بمثل هذا الكلام!»[12].

ويعد هذا الموضوع من الموضوعات المستجدة في الرواية الإماراتية الحديثة، والتي لم يسبق أن أثيرت في الأعمال السابقة، فقد جاءت استجابة للمتغيرات الفكريّة التي ألقت بظلالها على المجتمعات العربية.

ثالثاً: استجابة الرواية الإماراتيّة لمتغيرات الواقع على صعيد البناء الفنّي:

حاولت الرواية الجديدة أن تتجاوز الشكل الفنّي القار والساكن المعتمد في الأعمال الروائية الكلاسيكية، وأن تنتهك البنية السرديّة

التقليديّة، وأن تبحث عن أنماط كتابيّة مغايرة، وتبتكر جماليّات خاصة تتيح لها معالجة الواقع المعيش بكل أبعاده دون الخروج من دائرة الفن. وذلك من خلال تقنيات فنية عديدة، مثل: كسر الخط الزمني، وتجريد الزمن، وتكثيف اللغة، والكولاج (الإلصاق)، والبوليفونيّة أو تعدّد الأصوات، والابتعاد عن البطولة المطلقة.

وما هذا الشكل الجديد من الرواية إلا نمط من أنماط استجابتها إلى متغيّرات الواقع، وهي إذ ذاك تعبّر عن إنسان عصر التكنولوجيا والمعلومات، وانغماسه في الذات وغربته، وعدم اندماجه في مجتمعه ومشكلات الآخرين وهمومهم. وهذا «الابتكار الشكلي في الرواية بعيد كل البعد عن مناقضة الواقعيّة، كما يتخيّل ذلك ناقد قصير النظر، وهو الشرط الذي لا غنى عنه لمزيد من الواقعيّة»[13].

ولم تكن الرواية الإماراتيّة منعزلة عن تلك التحوّلات الجماليّة والفنية التي طالت الرواية العربية والعالميّة، فقد استطاع عدد من الكتّاب والكاتبات أن يستفيدوا من تلك التقنيّات وأن يوظفوا أدواتٍ فنيّة وتعبيريّة جديدة، في محاولة منهم لطرح شكل جديد للرواية الإماراتيّة، أكثر تأقلماً مع الواقع المعيش، وأبلغ تعبيراً عن تطور ثقافة الإنسان المعاصر ومحيطه ومجتمعه.

1 – البوليفونيّة أو تعدّد الأصوات:

تعدّ الرواية البوليفونيّة أو رواية تعدّد الأصوات صورة من صور الرواية الحديثة، التي عرّفها باختين بأنها الرواية ذات الطابع

الحواري التي تشبه الحديث البشري، وكل علاقات وظواهر الحياة الإنسانية[14]. فتعدد الرواة في الرواية يسمح بتناوب الأبطال في رواية الوقائع واحداً بعد الآخر، فنجد البطل فيها يوصل صوته للقارئ بنفسه، والشخصيات تتمتع باستقلاليتها وحريتها في التعبير عن مواقفها بكل صراحة، حتى وإن كانت مخالفة لرأي الروائي.«ومن الطبيعي أن يختص كل واحد منهم بسرد قصته، أو على الأقل بسرد قصة مخالفة من حيث زاوية النظر لما يرويه الرواة الآخرون، وهذا يسمى عادة بالحكي داخل الحكي، وعلى مستوى الفن الروائي يؤدي هذا إلى خلق شكل متميز يسمى الرواية داخل الرواية»[15].

وثمّة سببان يجعلان الأصوات متعدّدة في الرواية. الأول: يتعلّق بتقنيّاتها، فالشخصيّات فيها لم تعد تنزل على إرادة الراوي العليم في كل شيء، ولكنها أصبحت مستقلة وأكثر علماً منه، بل قد تكون في مواجهته؛ لذا عليه أن يقبلها كما هي، وأن يجعلها تعبّر عن منطقها ورؤيتها الخاصة. والثاني: يتعلق بالعامل الزمني والحضاري، إذ إن الرواية الحديثة هي انعكاس لهذا البعد الذي يُجسّد فيها مفهوم الشخص المتعدد نصّاً، ومفهوم النص المتعدد شخصاً، سواء أكان ذلك من خلال وجهات نظر الأشخاص، أم كان من خلال التأويل الممكن للنص الروائي[16].

إذن فالرواية البوليفونيّة تسعى إلى التمرّد والتخلّص من سلطة الراوي، في مقابل استقلالية الشخصيات في التعبير عن منظورها الخاص، وهي بذلك تمنح القارئ أيضاً حريته في التأويل، دون أن يكون للروائي أي سلطة في توجيهه وفرض وجهة نظره الخاصة

عليه؛ لذا فهي أكثر قدرة من الرواية المونولوجيّة على تصوير حياة الإنسان وتفاصيل واقعه المعيش، القائم على العلاقات الحواريّة المتنوعة، التي تعكس العلاقات الإنسانيّة بين أفراد المجتمع. فهي تنقل الحياة الإنسانية الطبيعيّة القائمة على اختلاف المواقف الفكريّة وتباين المنظورات الأيديولوجيّة، مستجيبة بذلك جمالياً للواقع وناقلة صورته الأدق والأصدق.

ومن الروايات الإماراتية التي تحضر فيها أصوات الشخصيات واضحة عالية ومعبرة عن وجهات نظرها، رواية (أجراس) للروائية زينب الياسي، التي تنقسم إلى ثمانية فصول، يحمل كل فصل منها اسم «جرس»، تبدأ بـ«جرس أول»، وتنتهي بـ«جرس ثامن». فكل جرس يقرع ينبه إلى خطر يهدد الأسرة الصغيرة، ويكشف جانباً من جوانبها الخفية، إلى أن يأتي الجرس الثامن والأخير معلناً عن مرحلة جديدة كلياً، تبدأ معها الأسرة مرحلة جديدة من حياتها، بعد أن تخطت مراحل الخطر.

وفي كل جرس من تلك الأجراس يسمع القارئ صوت راوٍ مختلف، يحكي الأحداث من وجهة نظره، يرويها وفقاً لما شاهد وشعر واقتنع به حيال العاصفة التي حلّت بالأسرة، والخلافات التي نشبت بين الزوجين. ومن ثم تتداخل هذه الأصوات وتمتزج في الرواية بصورة كلية. فالأجراس الأول والرابع والسابع نسمع فيها صوت الزوجة «أماني»، والجرسان الثاني والخامس نسمع فيهما صوت الزوج «سالم»، والجرس الثالث ينفرد بصوت الابنة «نورة»، والسادس هو صوت صديق الزوج «عارف». ويبقى الجرس الثامن والأخير

الذي يختلف عن بقية الأجراس، إذ يسود الصمت والهدوء الذي يلي الضجيج، وتكتفي الروائية فيه بكلمة واحدة هي (البداية).

2 – البناء الفنيّ للرواية:

امتازت الرواية الجديدة بعدة خصائص لا تنحصر في عنصر فني بعينه، وإنما تشمل الخطاب الروائي ككل، إذ تطال الشخصية والبنية والفضاء الروائي وغيرها. ومنها: تخلي الرواية عن كرونولوجيا الحكاية، وتنظيم الحكي واتجاهها نحو التجزيء والتشظي الزمني، وفقدانها للترابطيّة النفسيّة والحتميّة، كما أن الشخصية فيها تفقد هالتها وموقعها واسمها، فصارت دون اسم محدّد، وذلك خروجاً عن النظام الطبيعي المنظم التقليدي الذي أصبح لا يتلاءم مع التجربة الإنسانيّة الحديثة، فهو «مسعى جديد اكتشف فيه الروائي أدواتٍ أخرى مغايرة، الهدف منها تثوير الخطاب الروائي وإعطاؤه زخماً يتطابق وزخم الواقع»[17].

«فإذا كانت الرواية التقليديّة تحرص على الحكاية والشخصيات الواضحة المحددة، فإن الرواية الجديدة تعاف الحكاية، وتبدو الشخصية فيها خيالاً أو أشبه بالخيال. لا تعرف الشخصيّة مسوّغاً لمكانتها وأهدافها وعلاقاتها بالآخرين... دون معرفة السبب الكامن وراء ذلك»[18]. وهي النقطة المركزيّة فيها كما يشير أغلب النقاد. في حين كان كاتب الرواية الكلاسيكيّة يتعهّد بوصف ملامح أبطاله للقرّاء في بداية ظهورها، وتعريفهم بها خارجيّاً وداخليّاً، وكأنه يبرر مسبقاً لكل فعل ستقوم به، كما يمكن للقارئ التنبؤ بردّات فعلها تجاه ما ستواجهه من أحداث وتحديات، وذلك بواسطة الراوي العليم الخبير بكل دقيقة وتفصيلة تخص الأبطال.

والقارئ لرواية (غرفة واحدة لا تكفي) للعميمي يلحظ بعض ملامح ذلك فيها، إذ ثمّة تعمية مقصودة من الروائي لشخصية «قرواش» في بداية الرواية، وهي التي تتولى أمر إخبار القارئ بما تعانيه وتشعر به وتراه حسب وجهة نظرها. فهي شخصية فاقدة الذاكرة، لا تعرف أين هي، ولا تدرك اللحظة الزمنية التي تعيشها، تقلقها الأسئلة التي تنهال عليها منها، تعيش التيه، وترى شخصاً يشبهها كثيراً، لكنها لا تعرفه، من خلال ثقب باب الغرفة التي حُبست فيها. وبعد ذلك تبدأ تتكشّف بعض ملامحها من خلال مقارنة نفسها بذلك الشخص «الروائي» الذي تقضي يومها متلصصة عليه. كما أن استخدام ضمير المتكلم في سرد الأحداث في الرواية قد أفسح المجال أمام الشخصية «قرواش» بالعودة إلى الوراء في السرد، والتذكر، والتداعي الحر، والمونولوغ الداخلي بصورة أكثر وضوحاً.

كما نلاحظ أن العميمي لا يُعيّن الزمن الذي تجري فيه أحداث الرواية تعييناً دقيقاً، ولا يحدد المكان الذي يشكل مسرحاً لمجريات أحداثها تحديداً جغرافياً واضحاً، فهناك إشارات باهتة لتلك الزمكانية، إذ تقع على عاتق القارئ «الإيجابي» مهمة التأويل، ورسم الأبعاد الزمانيّة والتفاصيل المكانيّة للعالم الروائي. وهي جماليّة أخرى يضفيها العميمي على روايته، بالتركيز على دواخل الشخصيّة والاهتمام بانفعالاتها وتقلّباتها وهواجسها التي تسكنها، وهي إنما تعكس انفعالات الذات الإنسانيّة ومخاوفها وتوترها في هذا العصر. لذا يكون «قرواش» صورة معادلة للإنسان في كل زمان، وأينما وجد في هذا العالم.

فالعميمي في هذه الرواية يفسح مجال التأويل للقارئ، ويستعير مفهوم النص المعاصر الذي أشار إليه رولان بارت الذي يرى أن «النص الكلاسيكي يكاد يخرج جاهزاً، بينما يحتاج النص المعاصر إلى نباهة القارئ... (فهو يبدو) مختلفاً أشد الاختلاف عن النص التقليدي، وتكون مهمة القارئ فيه صعبة، بحيث تصير القراءة – مثلها مثل الكتابة – إنتاجاً وإعادة إنتاج، ويكون على القارئ أن يشكّل معنى النص انطلاقاً من لعبة الأشكال»[19].

الخاتمة:

والذي نخلص إليه في النهاية أن تحوّلات جماليات الشكل الروائي ليس أمراً عارضاً أو اعتباطيّاً، وليس ترفاً أو غاية يريد بواسطته الروائي أن يستعرض قدراته الفنيّة، بل هو شكل من أشكال التعبير عن الواقع الاجتماعي والاقتصادي والثقافي والنفسي ومتغيّراته، فهذه التحولات وطيدة الصلة بها، ونتيجة من نتائجها.

ولعلّ خير ما أختم به هذه الدراسة ما قاله ميلان كونديرا عن علاقة الرواية بالواقع ومتغيراته، ودورها في استكشاف الوجود الإنساني وإمكاناته، إذ يقول: «لا تبحث الرواية في الواقع، بل في الوجود. والوجود ليس ما وقع، الوجود هو حقل الإمكانات الإنسانيّة، هو كل ما يمكن أن يصيره الإنسان، هو كل ما يكون الإنسان قادراً عليه. إن الروائيين يرسمون خريطة الوجود باكتشافهم هذا الإمكان الإنساني أو ذاك... فالروائي ليس مؤرخاً ولا نبيّاً، إنه مستكشف للوجود»[20].

الهوامش:

1 – ميلان كونديرا، فن الرواية، تر: خالد بلقاسـم، المركز الثقافي العربي، الدار البيضاء، المغرب، ط 1، 2017م، ص 164.

2 – عبد الرحمن بو علي، دراسات وأبحاث في الأدب المغربي الحديث، منشورات كلية الآداب والعلوم الإنسانية، جامعة محمد الأول، ط 1، 2018م، ص 20.

3 – محمد محيي الدين مينو، معجم النقد الأدبي الحديث، دائرة الثقافة، الشـارقة، ط 1، 2012م، ص 154.

4 – سلطان العميمي، غرفة واحدة لا تكفي، منشورات الاختلاف، الجزائر، ط 2، 2016م، ص 197 – 198.

5 – نفسه، ص 201.

6 – سلطان العميمي، غرفة واحدة لا تكفي، ص 63 – 64.

7 – نفسه، ص 7.

8 – نفسه، ص 205.

9 – مريـم الغفلـي، نداء الأماكـن.. خزينة، دار الحوار، اللاذقية، سـوريا، ط 2، 2014م، ص 156.

10 – نفسه، ص 172.

11 – نفسه، ص 172.

12 – مريم الغفلي، نداء الأماكن.. خزينة، ص 40 – 41.

13 – ميشـيل بوتـور، بحوث فـي الرواية الجديـدة، تر: فريـد أنطونيوس، كتب الدوحة، وزارة الثقافة والرياضة، قطر، ص 10.

14 – ينظر: ميخائيل باختين، شـعريّة دوستويفسكي، تر: جميل نصيف التكريتي، دار توبقال، الدار البيضاء، المغرب، ط 1، 1986م، ص 59.

15 – حميد لحمداني، بنية النص السردي، المركز الثقافي العربي، الدار البيضاء، المغرب، ط 4، 2015م، ص 49.

16 – ينظر: منذر عيّاشـي، قراءة على هوامش السـرد، دار نينوى، دمشق، ط 1، 2017م، ص 155 – 157.

17 – عبد الرحمن بو علي، دراسات وأبحاث في الأدب المغربي الحديث، مرجع سابق، ص 107.

18 – سمر روحي الفيصل، مصطلحات نقد الرواية، دائرة الثقافة، الشارقة، ط 1، 2016م، ص 156 – 157.

19 – عبد الرحمن بو علي، دراسات وأبحاث في الأدب المغربي الحديث، مرجع سابق، ص 108.

20 – ميلان كونديرا، فن الرواية، ص 52 – 53.

تجلّيات التجريب
في الرواية الإماراتية المعاصرة

تجلّيات التجريب في الرواية المعاصرة

عزّت عمر

التجريب، هو حالة معرفية تجلّت إبداعياً في الرواية العربية منذ دخول مجتمعاتنا على التوالي، مرحلة الحداثة وما بعدها، بكلّ ما حملتاه معاً من وعي جديد، وقيم جمالية، وأفكار فلسفية تواشجت مع الثقافة العالمية، وكانت الانطلاقة الفعلية لهذه الرواية قد بدأت في مصر في بدايات القرن العشرين مع محمد حسين هيكل وتوفيق الحكيم وطه حسين، وعلى تعاقب الأجيال بعدها في الخمسينيات والستينيات، ودخول مجتمعات جديدة في نهج الحداثة والعصرية لتتبوأ الرواية العربية صدارة الأجناس الأدبية، وبخاصة في الإمارات العربية المتحدة، ودخولها المبكر مرحلة ما بعد الحداثة، بفكرها واقتصادها وأنماط عيشها والانفتاح والتواصل الإنساني مع العالم بكلّ ثقافاته وجنسياته التي تتعايش فيها كنموذج عالمي متقدّم، وبذلك فإن الرواية باعتبارها جنساً غير منته في تكوّنه هي الأكثر قدرة على التعبير عن هذه المرحلة جمالياً، ففي «المول» يتجاور العالم بمنتجاته وثقافاته،

وفي الرواية تتجاور حكايات وتوظّف تقنيات وتناصات شعرية أو فلسفية وغيرها، إنها إذن سيرورة التقدم من جانب المجتمع، والتطوّر في الفن السردي من جانب الرواية.

في الرواية العالمية والعربية:

الرواية باعتبارها وعياً فكرياً وجمالياً يسعى الروائي لتجاوز النمط المعتاد ما أمكنه، والحلم بالجديد المدهش مشروع لكلّ من يخترف الكتابة الإبداعية، سواء كانت رواية أو قصّة قصيرة، أو غيرهما من الفنون المعروفة، بما يؤكّد حضور التجريب بهذه النسبة أو تلك، حتّى لو لم يغامر الكاتب في فضاءات واسعة، فالتجريب مهارة فنية ترتبط بخاصية الإلهام التي تميّز هذا الروائي عن ذاك، ولعلّها البصمة الإبداعية التي نلتمسها لدى كلّ كاتب نصّ سردي، تمتاز بالفرادة في الشكل والمضمون.

ومن هنا فإني أرى أن كلّ رواية دخلت غمار الحداثة، وفي أي زمان ومكان هي مشروع تجريبي يسعى الكاتب لإنجازه بما استلهمه من حراك الواقع، أو الحلم والعلم والفلسفة والتاريخ وسواها، ثم قام ببنائه على الورق كعمارة شاهقة تتعايش فيها الشخصيات وتتصارع، وفي الوقت نفسه تتطلع للمستقبل بأحلام صغيرة أو كبيرة. والتجريب إلى ذلك حاضر في العنوان.. في اللغة والبلاغة السردية والبنية المشهدية السينمائية والوصف المتقصّي، بل حتّى في التكرار وفق أسلوب هوميروس في الإلياذة، أو كاتب الأسطورة الرافدينية إينوما إيليش وجلجامش وألف ليلة وليلة. فالتكرار هنا هو نوع من الاشتغال

للاستحواذ على ذاكرة المتلقّي وإبقائه في أجواء الحدث ولمتابعة ما سيضيفه من حكاية أو معلومة في ذات القالب السرديّ الذي تتفرّع عنه الكثير من الحكايات والاستطرادات المتنوّعة، ومن تكرار الوصف أو الحدث إلى تعدد الرواة أو الأصوات، بل تعدد الشخصية الواحدة في النصّ الروائي الواحد، ونموذجه من الأدب العالمي رواية (عام وفاة ريكاردو ريس) لجوزيه ساراماجو، حيث يكتشف القارئ أن «ريكاردو ريس» هو أحد الأسماء المستعارة للشاعر البرتغالي فرناندو بيسوا (1888م – 1935م)، وإضافة إلى اسم ريكاردو ريس كتب بيسوا شعراً بأسماء أخرى مثل: ألبرتو كايرو، وألفارو دي كامبوس، وبرناردو سواريس، وكان كلّ اسم من هذه الأسماء يمثّل مرحلة من حياته على حدّ تعبير دارسيه، وأن هذه الأسماء لم تكن مجرّد أسماء مستعارة، وفق ما جاء في مقدمة الكتاب، وإنما هي «دليل على الشخصيات المتعددة التي نمتلكها جميعاً، وهي بمثابة أوجه ومظاهر متغايرة للنفس البشرية» على حدّ تعبيره. وفي السياق نفسه كتب أنطونيو تابوكي الروائي الإيطالي المعروف والمختص بأدب بيسوا رواية قصيرة أسماها (هذيان – أيام فرناندو بيسوا الثلاثة الأخيرة)، فبينما هو راقد في المستشفى يُحتضر تزوره هذه الشخصيات الشبحية، وفق بنية استعادية، حيث جاء كلّ واحد منها من زمان ومكان مختلف لوداعه، وربّما أتى بها تابوكي لكي يخبر قارئه أن تلك الشخصيات ما زالت حيّة ولها حضورها الإبداعي.

أما ساراماجو فإنه قام بتمديد حياة الشخصية المستعارة ريكاردو ريس، لمدة تسعة أشهر إضافية بعد وفاة بيسوا 1935م، فأتى به من البرازيل، حيث كان مهاجراً أو منفياً لمدّة 16 عاماً، لتبدأ أحداث

الرواية بلقاء الشخصية المستعارة ريكاردو ريس مع فرناندو بيسوا الشخصية الحقيقية للشاعر، فيمضيان هذه الأشهر التسعة حياة حافلة بالحبّ والمناقشات، فقد كان بيسوا يخرج من قبره كلّما زاره ريس كي يكشف عن التناقض داخل شخصية الطبيب الشاعر.

وإلى جانب هذه الحبكة عمل الروائي على إبراز الجانب الثقافي لريس من خلال المحاورات الفلسفية والسياسية بينه وبين بيسوا، ليكشف عن نقاط التقارب والاختلاف في المفاهيم بين الشخصيتين اللتين هما واحدة في الأساس، وكأنهما شخصيتان مستقلتان ولكلّ منهما مفاهيمه ورؤيته للفن والحياة.

وعلى الصعيد العربي، فإنه لا تخفى على أحد التجربة الروائية لتوفيق الحكيم في ثلاثينيات القرن العشرين مع (عودة الروح) و(يوميات نائب في الأرياف) و(عصفور من الشرق) وغيرها، وكذلك في أعمال نجيب محفوظ التي تتمايز عن بعضها من عمل لآخر، ولا يصحّ أن نطلق على أدبه بأنه واقعي أو تقليدي كما هو شائع، ومثل هذا ينطبق على أعمال حنا مينة، ففي كلّ رواية لهما يمكننا اكتشاف الجديد.

بمعنى أن التجريب ليس ولم يكن مقصوراً على جيل الشباب، فالمحترفون الكبار بدورهم جرّبوا في زمانهم، ولعلهم ما زالوا يفعلون ذلك، كما فعل وليد إخلاصي وصنع الله إبراهيم وإبراهيم أصلان، وهذا الرأي مختبر من قبلي، فقد قرأت وتناولت نحو 50 رواية عربية وإماراتية صدرت في الأعوام الأربعة الأخيرة، فوجدت أن الأعمار متفاوتة ما بين الثلاثين والستين، بل ربما السبعين، بما استخلصته أن

التجريب لا يرتبط بجيل وإنما بالمرحلة ووعيها وأنماط عيشها في التجمّعات والمشتركات الإنسانية.

ومن هنا فإن التجريب لا يرتبط بالشكل الفنّي فقط، وإنما هو وعي فكري جمالي ارتبط بتقنيات سرد الحداثة وما بعدها. والتجريب إلى ذلك حقّ مشروع لكلّ روائي وقاص وشاعر وسواهم.

وإذ تنبني الشخصية في الرواية لمجابهة واقع أو ضرورة ما خارجية أو داخلية، ذاتية أو موضوعية، إنما هو بحدّ ذاته تجريب لممكنات الفوز أو الخسارة، فهو هنا يخضع لسلطة المؤلّف التي ستدفع به نحو وجاهات مغايرة لأفق التوقع.

والتجريب يرتبط أيضاً بثقافة التلقّي في إطار جدلي، كلما ارتقت ذائقة المتلقي ارتقت التجربة، ولكن ذلك يقتضي جهداً لأجل تقديم مقترح جمالي مختلف ومغاير ذي خصوصية أشبه بالبصمة الوراثية.

في الرواية الإماراتية:

نحن نقول التجربة الشعرية للشاعر، والتجربة القصصية وهلم جرا، ولذلك فإني لا أرى أن ثمة حدوداً تفصل ما بين جيل روائي وآخر، كما وضّحت أعلاه، ولا سيّما في الإمارات، فكل جيل عاش زمانه وعبّر عنه بما اجترحه من الزمكان الفني، وما يتخلله من صراع أو معاناة وسوى ذلك، وهذه القضايا قد لا تكون مهمة لدى الجيل اللاحق، بمعنى أن مفاهيم وقيم ما قبل الحداثة لا بد وأن تختلف في زمان الحداثة، وبطبيعة الحال في زمان ما بعد الحداثة، بمعنى

أنّ التجريب في رواية (الديزل) لثاني السويدي يختلف بالضرورة عن التجريب في (سلايم) و(زينة الملكة) لعلي أبو الريش، وبدورهما يختلفان في (اسبرسو) أو (شقّة زبيدة) لعبد الله النعيمي، أو عن (ميد إن جميرا) لكلثم صالح، مع أن هذه الأعمال جميعاً تجريبية، ولكنها تختلف من حيث الشكل والمضمون في زمان ما بعد الحداثة، حيث بات «المول» بديلاً عن الفريج وأيام الغوص والنوخذا، ونموذجاً متقدّماً لقيم التعايش والتثاقف وسواها، بالرغم من رومانسية الفريج، ومع ذلك فإننا لن نعدم من يفضّل الفريج وحياة الصيد على كلّ هذه المدنية الأسمنتية والمعلبة أكثر من اللزوم، كما في زاوية رؤية (سيح المهب) لناصر جبران، ورؤيته لمدينة ما بعد الحداثة.

وبالعودة إلى مقولة «الرواية جنس أدبي غير منته في تكوّنه» فإن الروائيين سيجربون باستمرار لتطوير وتقدّم هذا الجنس الإبداعي لأجل تجاوز التقنيات المعروفة في الزمان الخطّي وفي المونولوج والبنية المشهدية، ومن نماذجه (قوس الرمل) للروائية لولوة المنصوري في توظيف الأساطير والحكايات والثقافة الشعبية في البنية السردية، فضلاً عن سعيها لإشراك القارئ باستكمال روايتها، وإلى جانب ذلك الخيال الجامح في بناء النصّ السردي، ومن هنا فإن الرواية حيّز مفتوح حتى اللانهاية.

مع رواية (الديزل) لثاني السويدي 1994م، دشنت الرواية الإماراتية عهدها بالتجريب، إذ فاجأت هذه الرواية المشهد الثقافي بما قدّمته من أسلوب حداثي بشّر بولادة جيل جديد له قيمه ومقترحاته الجمالية في إطار التجريب.

حيث عمل ثاني السويدي على توظيف المرويات الشفاهية على شكل حكايات متجاورة من مثل علاقة الإماراتي بالبحر، وما استجد بعدها من انعطافة مع اكتشاف النفط، وأثره في الحياة الاجتماعية.

يجمع هذه الحكايات إطار عام يتكاثف ما بين حياة البحر وحكاياته وحياة الديزل وحكاياته، ومن ذلك على سبيل المثال: «كان ماء البحر دافئاً، والقمر يلقي خطبة حول ذروة جسدها، أحسّت أن ماء البحر الدافئ يثرثر بين فخذيها، أغمضت عينيها فترة طويلة، شيء ما ينزف منها، نظرت إلى أسفل قدميها، وجدت كومة من الأسماك تدور حولها، ظنّت أن هذه الأسماك أطفالها، خرجت من البحر حاملة أضلع فرحها، تصرخ: يمكنني أن أتزوّج أيّ شيء على وجه الأرض، لأني مختلفة عن نساء العالم، لأنني ألد من دون أن أحمل.. ثمّ نظرت إلى البحر، فرأته أباً مستقيماً، فهمست له: سأهزمك»[1].

وكما نرى في هذا المجتزأ ذي الطبيعة الفانتازية المستمدة من التراث الشعبي وتعدد أنماط الخطاب بما يتشاكل مع السارد في مسرحية يجلس في حيّز افتراضي وإلى جواره رجل أبكم، ومع إضاءة المكان، ستتراءى بلدة بحرية صغيرة شيئاً فشيئاً، وعندما تركّز الإضاءة على السارد، يشير بيده نحو المكان ويقول للشخصية الأخرى: «إنني هنا منذ ولدت»، وهي عبارة مفتاحية قد تعني مكاناً، وقد لا تعني ذلك أيضاً، طالما قلنا إن الحيّز المكاني هو حيّز افتراضي الزمكان فيه نسبي، وكذلك الأمر بالنسبة إلى الأحداث التي ستجري فوق هذه الخشبة، واقعية كانت أو خيالية أو بين بين. إنه بعبارة أخرى مشترك مكاني لشخصيات ستظهر لحظة وتختفي، دون أن

تفرض على المتلقّي خيار المقايسة الواقعية لعالم يمكن تمثيله رمزياً ودلالياً بـ«عالم» خارج من الحياة يتمثّل في موت الأب، و«عالم» يدخلها للتوّ مع «الديزل»، وما بين العالمين المرصودين مسافات كبيرة ستسعى الرواية لتفصيلها.

والإحالة الموفقة هنا لطقسية «الخروج والدخول»، يمكن اعتبارها اللحظة السردية الأولى، التي سيقف فيها «الديزل» منتصب القامة، معلناً عن بداية زمنه، وربّما سيتجول قليلاً على الخشبة مستعرضاً مهاراته وإمكاناته كراوٍ مهيمن ووحيد، فيسارع إلى رواية نصّه دون أيّ معارضة، نظراً لأن سامعه الوحيد أبكم[2].

ومن روايات الشباب التي أعجبتني جرأة مقترحاتها الجمالية في الشكل والمضمون، رواية (حيّ على الحياة) لزهرا موسى الروائية الإماراتية التي تفاجئ قارئها بوعي استثنائيّ في تناول مدينة ما بعد الحداثة، وبتقنيات ومقترحات سرديّة مبتكرة عبّرت عنها روايتها الجميلة (حيّ على الحياة) للكشف عما استجد في حياة الجيل الإماراتي الشاب، ومدى ارتباطه بثقافته المحلية والثقافة العالمية، سواء بتعلّم اللغة الإنجليزية، أو من خلال التواصل مع رموزها عبر الإنترنت ومواقعه الشهيرة مثل تويتر وفيسبوك، فضلاً عن استخدام التكنولوجيا الذكية، والأهم من كل هذا إمكانية التعبير عن هذا العالم روائياً ككاتبة واعدة.

في هذه الرواية تسمّي زهرا موسى بطل الرواية «سقراط»، وهو شاب إماراتي سبب له الاسم متاعب جمّة، وفيما يبدو أن والده، الذي توفي منذ أيام قليلة، كان معجباً بالفيلسوف اليوناني أشد العجب، فقد

احتلت صدر غرفته صورة للوحة «موت سقراط» للفنان الفرنسي الشهير جاك لوي دافيد من القرن الثامن عشر، فضلاً عن مجموعة من التماثيل، ومنها نسخة من تمثال «الوطن الأم ينادي» المشهور عالمياً أيضاً كأعلى نصب في العالم للنحّات الروسي يفغيني فوتشيتيتش.

تقدّم زهرا تناصاتها ومتفاعلاتها النصّية بذكاء وإدارة تحسب لها، فلا تسرف فيها إلا بما تتطلبه اللحظة السردية الشبيهة بالومضة، تاركة أمر التفهّم والاستيعاب لقارئها الذي يفترض به أن يكون على سوية ثقافية مناسبة لاستقبال عمل من هذا النوع من سرديات ما بعد الحداثة، فضلاً عن حضور المكان وتفاعل الثقافات فيه.

والد سقراط المهتم بالفن والفلسفة، والذي أربكه بهذا الاسم، واظب على إرباكه بموته المبكّر من جهة، واكتشافه أنه ترك له أخاً غير شقيق من زواج سرّي. واسم هذا الأخ «يوسف» أو «جوزيف» وفي العاشرة من عمره، لتنطلق الأحداث على نحو شائق وماتع، تتخللها بعض الحكايات المتفرّعة وبعض الاستطرادات المعبّرة عن الثقافة الدينية والاجتماعية، ولعلّها مقصودة لتعريف القارئ الأجنبي بتقاليد الدفن والعزاء والعمرة وسواها.

وفضلاً عن ذلك تحضر تفاصيل المدينة ورموزها الجديدة ومفردات الحياة المعيشة، من حيث المقاهي والأطعمة وسواهما، على غرار ما فعلته كلثم صالح في رواية (ميد إن جميرا) وفي ذات الأجواء التي عاينها عبد الله النعيمي في روايته (اسبرسو) لمدينة دبيّ ومجتمعها المعولم، تعبيراً عن الحياة الجديدة المعيشة، وتقديم بعض النماذج من مثل «مول دبي» الذي يحتوي على الأسماء والماركات

العالمية الشهيرة، فضلاً عن المقاهي والمطاعم والمكتبات العالمية.

وسط هذا العالم المتعولم وصخبه الكبير، سنعثر على سقراط وبعض شخصيات الرواية الشابة في المكتبة يتجولون بين أرففها بحثاً عن الكتب، وكأن ذلك الصخب في الخارج بات معتاداً ولا يعنيهم في شيء.

ولعلّ هذا الإقبال من قبل سقراط على الكتب يعود إلى رغبته وفضوله لمزيد من التعرّف إلى الفيلسوف سقراط الذي سمّي باسمه، غير أن الساردة العليمة كانت بدورها تبحث عن كتاب لعباس محمود العقّاد، وأعتقد أن سبب هذا الاهتمام المستجد بين الشباب مرتبط بالحياة الافتراضية التي يعيشونها في مشتركي «فيسبوك»، و«تويتر» الثقافيين، لتأكيد حضورهم الافتراضي كشخصيات منسجمة ومتفاعلة مع ما يكتب من نصوص أو تغاريد «تويترية».

ومن الروايات التي توقّفت عندها مقارناً ما بينها وبين رواية (حي على الحياة) لزهرا موسى من حيث الفضاء الروائي والتجوّل في مولات دبي ورصد الحركة اليومية لجيل الشباب هي رواية (جميرا.. Made in) بعنوانها اللافت، حيث دمجت فيه اللغتين الإنجليزية والعربية مع صورة لفتاة عصرية ترتدي ثياباً لماركات عالمية مع المحافظة على غطاء الرأس، مما يعطي انطباعاً سريعاً عن المحتوى في المدينة الكوزموبوليثية دبي.

وهذا التجريب في العنوان أشبه بمفتاح دلاليّ عن خصوصية مدينة دبيّ التي امتازت بازدواجية لغتها ما بين العربية والإنجليزية،

تبعاً للعدد الكبير من الجنسيات التي تعيش فيها كمدينة مستقبليّة امتازت بحراكها التجاريّ وازدهار اقتصادها ومدنيتها، وإلى ذلك فإن مدينة الجميرا هي البوّابة الكبيرة التي ستدخل منها الساردة شخصياتها لتكشف عما تريد إيصاله، وذلك وفق عدّة تقنيات اتّبعتها منها: المذكرات، والاستهلال الوصفي التعريفي بالمكان. وفي ذهنها قارئ افتراضي قد لا يعرف جغرافية المنطقة، لا سيما وأن الشخصية الساردة تصف المكان كفضاء ما بعد حداثي ضمّ مركز (ميركاتو) الذي يمكن وصفه بالعالمي، تتردد إليه باستمرار وتعتبره من أكثر المراكز حميمية بتصميمه المستمد من عصر النهضة الأوروبية، ومركز (بالم ستريب)، لكونه أقرب إلى القلب، ولا سيما محل البوظة «هاجن داز» الذي يتميز في صناعتها.

كما تعتمد تقنية التداعي والفلاش باك للعودة إلى زمان المراهقة: المدرسة، الجامعة، والمغامرات الشبابية، وأفلام السينما، لتكشف الساردة عن آليات التفكير لمجتمع الفتيات المحاصر بالعادات والتقاليد، بالتفكير الخرافي وحكايات العفاريت وغير ذلك، إلى أن يتمّ التخرّج فتبدأ معاناة جديدة، لكنّ الشخصية الساردة تدخل مرحلة النضج، ووعي وجودها ومحيطها، سواء في مسألة الصداقات، أو مسألة التضامن الأسروي وأهميته لمواجهة وتذليل العقبات جميعاً.

إنها في الخلاصة تجريب ما بعد حداثي، وظفت فيه تقنيات رواية ما بعد الحداثة، من مثل تجاور الحكايات باعتبار أن الساردة وجدت دفتر مذكرات لامرأة أضاعتها في الحافلة التي تقلّ طالبات الجامعة من مدينة العين إلى دبيّ، فضلاً عمّا ابتكرته من تقنيات ذكرناها أعلاه.

وعن المدينة ذاتها كمركز عالمي كتب عبد الله النعيمي روايته التي اشتهرت شهرة واسعة في أوساط الشباب والنقّاد (اسبر يسو)[3].

وهي رواية (تويترية) كما نوّه مؤلّفها، معلناً بذلك استجابته للمتغيرات الجارية في التجريب ما بعد الحداثي، وهي على حدّ تعبيره «نتاج سنوات من تبادل الحوار مع آخرين على (التويتر)»، وبذلك يمكننا تصنيفها كرواية اجتماعية تعكس هموم الشباب وتطلّعاتهم في هذه المرحلة التي قرّبت ما بين الناس، ودفعت لمناقشة واقعهم ومستقبلهم ومدى افتراق تقاليد الأمس عن اليوم المتّسمة بانفتاح الأجيال وتجاوز الحياة التقليدية بحكم العلاقات التي فرضها المجتمع الجديد المتميّز باختلاط الجنسين وحواراتهما الصاخبة على منصات مواقع التواصل الاجتماعي حول ثنائية ذكورة/ أنوثة، ومدى تفهم الطرفين للواقع الجديد ومدى قدرته على تجاوز قيم الأمس النابذة، وذلك وفق أطروحة المؤلّف وشخصياته العديدة التي تفاعلت مع بعضها لتمنحنا جانباً مما تفكّر فيه، لا سيما وأن مدينة ما بعد الحداثة نصرت المرأة، ووقفت إلى جانب تحررها. ينهض السرد على سارد متماهٍ بمرويه يتماس مع قارئه عبر موضوعية الكشف عن الذات والموقف من الآخرين، ونضيف إلى ذلك الروح النقديّة للمحيط والعالم، وبذلك يمكننا الاستنتاج أن السارد/ الشخصيّة اختطّ لنفسه منهجاً حياتياً وثقافة خاصة، استلهمت إيجابيات الثقافة الإنسانية، إضافة إلى القيم العربية والإسلامية، ويمكن للقارئ تلمّس ذلك في سلوكه اليومي وعلاقته بالآخرين، أو من خلال أقواله على النحو التالي: «رائع جداً أن تكون إنساناً بلا حدود، وجميل أن تكون سحابة

ماطرة تنثر قطراتك دون أن تمعن النظر في الوجوه والألوان والحدود والجغرافيا».

وخلاصة الرواية أن وليد أحبّ نادلة مقهى عصري اسمها سوسن، غير أن الصراع سرعان ما ينشب بين القلب والعقل، فالقلب ينتصر لسوسن، بينما العقل يرفض النادلة، معلناً أن ثمة تقاليد لا يمكن تجاوزها، فيصوّر السارد هذه اللحظات الصراعيّة في ذات الشخصية، ولن تخلو المونولوجات من براعة في الكشف عن ذات المحبّ وتجاوزه للمنطق الاجتماعي. علماً أن عبد الله النعيمي واصل الكتابة الروائية، وأصدر بعد «إسبريسو» روايتين: «بانسيون» و«شقّة زبيدة» التي فازت بجائزة معرض الشارقة الدولي للرواية الإماراتية، بما يؤكّد تطوّر تجربته الروائية بما اختطه لنفسه من نهج مغاير له خصوصيته.

ولعلنا في مسك الختام نتوقّف عند المغامرة الروائية للمبدعة لولوة المنصوري في روايتها الكبيرة (قوس الرمل)[4] ببنيتها ما بعد الحداثية ونمط سردي ذي خصوصية من الواقعية السحرية[5]، إذ تذهب بقارئها إلى تاريخ المنطقة بهمّة الباحث الأنثروبولوجي في نظام التفكير المجتمعي وطرائق عيشه ومعتقداته كجماعة بشرية استوطنت مكاناً محدداً، وأهله يتناقلون حكاياتهم في أودية تلك الجبال الفاصلة ما بين الإمارات وعمان، الناس البسطاء الطيّبون، وما توارثوه من حكايات خزّنوها في الذاكرة.

تتألّف الرواية من أربعة فصول، أو كما تسمّيها «مصبّات» بما تنطوي عليه دلالاتها المائية، وكما للماء أساطيره، فللصحراء

أساطيرها، وأوّل هذه «المصبّات» حكاية «عام الدود»، وتتألف من 16 مقطعاً ويمتاز باستهلاله اللطيف، حيث تبدأ الأحداث ونتعرّف إلى الشخصيات، ومن أهمها الحاجة حليمة التي نصادفها واقفة، ويداها ممدودتان للسماء، أشبه بصلاة استسقاء خاصة تقيمها، ثم يليها مطر وانقشاع الغيوم عن طيور سوداء تملأ السماء وليهبط أحدها على رأس حليمة ويبدأ بنقره، ويستغرب السارد إن كانت فزّاعة فعلاً، سؤال مفاجئ ينفتح على القارئ، هل هي فاقدة الحسّ، أم إنها في حالة خطف؟

تشويق أوّلي يجذب القارئ بذكاء وحرفيّة عالية، ولكنّ المفاجآت سوف تتوالى عندما يفكّر السارد بالذهاب إلى حليمة وتخليصها من الوتد المقيّدة إليه، فيكتشف أنه بدوره مقيّد إلى وتد.

مشهد بصريّ كأنه انتزع للتوّ من فيلم «الطيور» لهيتشكوك، فزّاعتان في العراء وطيور سوداء تهاجمهما بعنف، وتستحلي نقر الرأسين بمناقيرها، وفيما بعد سيتّضح أنه مجرد كابوس داهم السارد في المنام، وقد أيقظه صوت أمّه وهي تناديه: «انهض يا ولدي.. لقد أكل الدود زوج حليمة»![6].

وبهذا الاستهلال الغرائبي تبدأ حكاية «عام الدود» عبر فصول تنطلق من الصحراء ومرويّاتها اعتماداً على ذاكرة رواة من العائلة، ولا تخلو من إشارات ذات دلالة نحو مدن وممالك قديمة سيكون لها حضور مهم في النص كـ«إرم ذات العماد»، حيث يأتي حليمة زوجها الميت في المنام يحمل تاجاً بين يديه ورائحته عذبة، ويخبرها بأنه

عائد من «إرَم»، وهذه رائحة ملوكها. «إرم» تلك المدينة التي «لم يخلق مثلها في البلاد» كما ذكر في القرآن الكريم، وتتأزم حليمة بينما هي ترقب الدود الذي يهاجمها ليلاً ويختفي نهاراً، والتغريب في هذه الحكاية مقصود لذاته، فالسارد يعلم أنه يروي حكاية وأمامه مجموعة من الخيارات في طرائق عرضها، ويخبر قارئه بمقاصده وأسبابه اعتماداً على رواة ثقات رووا له حكاية النبع المختفي تحت الرمال، فالرواة يؤكّدونها، والسارد يرى بأنها أحجية وهمية تعمّدها لتشويق قارئه بما يشبه اللعب، ولكنّ حكاية النبع تظل حاضرة في الوجدان الجمعي بالرغم من نفي السارد، فقد أقسم كثيرون أنهم رأوا نهراً يتفجّر قريباً من واحة بيرين، ولكنه ما يلبث أن يختفي مع الفجر، ولا ندري ما السرّ في ظهور الدود والنهر ليلاً واختفائهما فجراً، ولعلّ هذا التناوب ما بين الليل والنهار هو ذلك الخيط الواهي ما بين الواقعي والمتخيّل المؤسطَر[7].

فلنقل إنها مجموعة حكايات لمدن على أطراف الصحراء العربية، تعززها تناصات مستمدة من المأثور الثقافيّ لمجتمع تهيمن الحكاية فيه كنتيجة طبيعية لعزلته في تلك الصحراء الشاسعة وجبالها الغامضة، لتأتي هذه الحكايات على شكل إطارات فرعية تستغلّها الروائية في عرض شائق يذكرنا دائماً برواية (مئة عام من العزلة) بماكوندو وعالمها، وربّما على نحو أكثر إدهاشاً فيما إذا أخذنا بعين الاعتبار ما استندت إليه الروائية من تراث يمتدّ لآلاف الأعوام من تاريخ المنطقة، ما زال حاضراً على شكل مرويّات شفاهية، أو كنصوص أسطورية ترجمت عن ألواح بابل ودلمون وماري وسواها، فضلاً عمّا ذكرناه

من تناص قرآني يستعيد حكاية «إرم» والمدن الشبيهة، ونحن في هذا المقام لا نودّ الذهاب بعيداً في المقارنة بين الروايتين، وإنما للتذكير بأنه لكل مكان ثقافته وعوالمه السحريّة المؤسطرة للناس والأشياء،

ويصعب على الدارس استعراض هذه المتجاورات السردية والمشهديات العجائبية التي ساقتها الروائية على ألسنة شخوصها المأخوذين بالعوالم السحرية آن البحث عن النبع، أو النهر المختفي تحت الرمال، ولكن لا يمكن تجاوز تفسير حليمة المرتبط بـ«عام الدود» والصحراء التي تدفن الموتى على هيئة دود يخرج من جوف الأرض على شكل موجات، بهدف الإشارة إلى الجفاف العام الذي طال الطبيعة. وباختفاء الماء كمصدر إحيائيّ يحضر نقيضه الجفاف أو الموت، وإذا كان هذا الاستنتاج حقيقة موضوعيّة، إلا أن الإبداع السردي يذهب بها نحو الإدهاش لما اجترحته الروائية من فنون السرد الشائق وخيال آسر معزز بلحظات درامية تتصاعد حيناً، ثمّ ما تلبث أن تغيب تبعاً للاجتراحات السردية التي تعمل الروائية لموضعتها في المتن على شكل فصول أو مقاطع مرقّمة، وليس بالضرورة أن يبدأ كلّ مقطع من حيث انتهى الآخر، بمعنى أنها اعتمدت تفتيت الحبكة الأساسية وبعثرة أزمنتها، ذهاباً إلى الماضي وإياباً، وهذا ترافق بالذهاب إلى الأسطورة، ومن ثمّ العودة إلى الواقع.

وما بين الحقيقة العلمية والأسطورة خيط وهمي يمكن للشخوص عبوره دائماً، وصولاً إلى ظهور النفط ليبدو للقارئ أن التنبؤات بوجود الماء تحت الصحراء كانت صادقة إلى حدّ ما، إذ بدلاً منه وجد النفط وهو بدوره سائل، وهذا ما عنينا به الخيط الوهمي ما بين

الأسطورة والعلم، بمعنى آخر البحث الأنثروبولوجي الذي يتقصّى كلّ شيء في حياة الجماعة البشرية، ويقدّمها لقارئه في قالب سرديّ ممتع بما يشير بوضوح إلى مهارة الروائية وخبرتها الإبداعية الملهمة في الوقت نفسه.

ختاماً:

مع مرور الزمن بدأ مفهوم التجريب يتوطّد ويتقدّم مع الأجيال المثقفة التي استفادت بلا شك من منجز الجيل الذي سبقها، مغامرين بوعي ناقد وإبداع مغاير يعكس مقدار التفاعل مع المتغيّرات التي طالت المدينة الإماراتية، في مرحلة مفصلية، وذات خصوصية، وزمن انفتاح الثقافات على بعضها، وبذلك فإن الجيل الجديد سيتخفّف من أعباء الخوض في المرحلة الانتقالية التي عبّر عنها جيل الروّاد من الكتّاب والكاتبات، وسيتناول قضايا جديدة ترتبط بالمرحلة المعيشة في مدينة ما بعد الحداثة.

الهوامش:

1 – انظر ص 14 و15 من رواية الديزل، دار الجديد، بيروت، 1994م.

2 – ينظر ص 63 من كتابنا «توجهات الخطاب السردي»، دائرة الثقافة، الشارقة، 2003م.

3 – اسبريسو، عبد الله النعيمي، دار كتّاب للنشر والتوزيع، الإمارات العربية المتحدّة، 2013م.

4 – قوس الرمل، لولوة المنصوري، دار العين للنشر، القاهرة، 2017م.

5 – ينظر كتابنا: رواية ما بعد الحداثة، التناص، التجاور ومغامرة التجريب، دار الغد، الشارقة، 2020م.

6 – رواية ما بعد الحداثة، التناص، التجاور ومغامرة التجريب، دار الغد، الشارقة، 2020م.

7 – رواية ما بعد الحداثة، التناص، التجاور ومغامرة التجريب، دار الغد، الشارقة، 2020م.

الرواية الإماراتية في الألفية الثالثة

رؤى جديدة في الفن

إسلام أبو شكير

في الحديث عن الرواية الإماراتية لا بد دائماً من إشاراتٍ إلى خصوصيةٍ، مصدرها ظروف النشأة من جهة، حيث القصر النسبي في التاريخ، وذلك قياساً إلى تجارب عربية أخرى قريبة أو بعيدة؛ والتحولات العميقة التي مر بها المجتمع الإماراتي من جهة أخرى، وذلك انطلاقاً من بيئتي الصحراء والبحر وما يميزهما من بساطة وعفوية، وصولاً إلى بيئة المدينة الحديثة وتعقيداتها.

فيما يتصل بالجانب الأول (ظروف النشأة والتاريخ القصير نسبياً)، فقد كان من نتائج ذلك أن الروائي الإماراتي وجد نفسه – عن وعي أو غير وعي – ملاحقاً بضغط إثبات الذات، وتأكيد الحضور، فهو – وإن بدأ متأخراً – مطالب بأن يقدم منجزاً يحقق الحد الأدنى من شروط الجودة والتميز. وقد يكون هذا الهاجس وراء ميل الروائي الإماراتي إلى تجنب الطرق الوعرة وما يكتنفها ويتخللها من مغامرات وتحديات، فكانت الأعمال الأولى حذرة في اشتغالاتها واجتهاداتها

الفنية، متحفظة في علاقتها بالشكل خصوصاً، حريصة على أن تتحرك ضمن حدود المنطقة الآمنة، ووفق المسارات الواضحة والمحددة التي أسست لها أجيال من الروائيين العرب.

والأكيد هنا أن الروائي الإماراتي قد حقق نجاحاً كبيراً، فخلال أقل من عشرين عاماً أصبحت (الرواية الإماراتية) حقيقة، متجنبة ارتباكات البدايات التي عاشتها الرواية العربية قبل ذلك، فالرواية الإماراتية الأولى على سبيل المثال (شاهندة) لراشد عبد الله النعيمي، والتي صدرت عام 1971م، تجاوزت في نضجها ودرجة استيفائها للشروط الفنية الروايات الأولى في البلدان العربية الأخرى، وليس في ذلك امتياز لـ(شاهندة) بالطبع، لكن طابعها التقليدي، وحرصها على أن تكون بناء على بناء سابق، يؤكد أن الهاجس الأساسي هو حجز مساحة ما للرواية الإماراتية على الخارطة الإبداعية العربية، قبل الوصول إلى مرحلة الإضافات النوعية التي تتصل ببنية فن الرواية، والاجتهادات الخاصة التي تتطلع نحو خلخلة المفاهيم المستقرة، وهو ما حققته (شاهندة) بالفعل، خصوصاً مع تواصل العمل، وظهور أسماء أخرى أغنت المشهد بأعمال تجاوزت (شاهندة) نفسها.

لقد نجح الروائي الإماراتي إذاً، ووجدنا أنفسنا أمام أسماء كبيرة ومهمة: (علي أبو الريش، إبراهيم مبارك، ناصر جبران، أسماء الزرعوني..) وآخرين، وهؤلاء تمكنوا من بناء رصيد معتبر أهّل الرواية الإماراتية لأن تحتل مكانها على الخارطة.

تلك كانت مهمة شاقة تصدى لها الجيلان الأول من الثاني من

الروائيين الإماراتيين. والأكيد هنا أن هذا الرصيد الذي قدموه تميز بميله نحو الاستفادة، كما ذكرنا، مما قدمته الرواية العربية السابقة زمنياً على الرواية الإماراتية، مدفوعين في ذلك بالحرص على تجنب آلام ومتاعب البدايات الصفرية.

لكن ذلك وحده لا يكفي لتفسير ظاهرة الجنوح نحو الأساليب التقليدية المحافظة التي غلبت على مجمل ما قدمته الرواية الإماراتية في تلك الآونة، فالأمر مرتبط كذلك، وعلى نحو وثيق، بطبيعة المرحلة التي عاشها الروائي الإماراتي المؤسّس، وهي مرحلة لا تبعد كثيراً عن مرحلة الارتباط بالصحراء (البداوة) من جهة، وبالبحر (الصيد) من جهة أخرى، أي إن السياق الذي أنتج الرواية الإماراتية الأولى كان بسيطاً إلى حد ما، قياساً على الأقل إلى مجتمعات أخرى في مصر أو الشام أو العراق، على سبيل المثال، حيث كانت هذه المجتمعات تعيش مكابدات من نوع مختلف له صلة بالحداثة والعلاقات الأكثر تعقيداً وتركيباً، والناجمة عن التحولات الاقتصادية والثقافية والاجتماعية والسياسية التي عاشتها.

ظهور الرواية الإماراتية ترافق مع إعلان قيام الدولة تقريباً، والحداثة بالنسبة إلى المجتمع الإماراتي في تلك الفترة كانت حلماً كبيراً، لكنها على أرض الواقع لم تتجسد بعد. كانت هدفاً واضحاً، وكانت الاستعدادات جادة ومحسومة لتحقيق هذا الهدف، لكن العمل بدأ لتوّه، وبحاجة إلى جهد مضنٍ وطويل ليتحقق.

لذلك عندما نظر الروائي الإماراتي إلى واقعه يبحث عن مادة أولية يبني روايته منها، لم يجد تلك الحالة المركبة التي تقتضي منه

تغييراً جوهرياً في بنية الرواية، بحيث يجد نفسه مضطراً إلى اجتراح تقنيات وأدوات تعبير وأساليب فنية جديدة وغير مألوفة، فاكتفى بالتناول التقليدي لموضوعاته، وبالمقاربات الهادئة التي تستفيد من نجاحات الرواية العربية السابقة.

هذا عن الجيلين الأول والثاني من الروائيين الإماراتيين، لكن التجربة الإماراتية قامت أساساً على حلم اللحاق بالعصر، وتقديم نموذج تتحقق فيه شروط الحداثة في أقصى درجات تجليها، وكان السعي لتحقيق هذا النموذج متسارعاً ومتواصلاً، فإذا ما دخلنا الألفية الثالثة وجدنا أنفسنا أمام حالة مختلفة كلياً عما كانت عليه الدولة في لحظة التأسيس.

لقد بلور المجتمع الإماراتي الآن مشروعه، وتقدم به خطوات جعلت منه مشروعاً واثقاً مستقراً قادراً على أن ينافس، أو يواكب على الأقل، وكان من الطبيعي أن يقود ذلك إلى تأثيرات في التجربة الإبداعية عموماً والأدبية الروائية خصوصاً، لا سيما أن جيلاً كاملاً ينتمي إلى هذه المرحلة انتماء عضوياً، أي إنه ولد ونشأ في ظلها، ولم يعايش مراحل أخرى سبقتها إلا من أطرافها فقط.

يؤكد ذلك ما تشهده حركة الكتابة الروائية اليوم من انتعاش على مستوى الكم على الأقل، وبأقلام شباب تبدأ أعمارهم بالعشرين، أي إنهم نتاج الثقافة الجديدة حقاً. عشرات الأعمال الروائية تظهر كل عام، وبغض النظر عن القيمة الفنية لهذه الأعمال (وهي متفاوتة حتماً) فإن الظاهرة تحمل دلالات مهمة، لا سيما إذا أخذنا بعين

الاعتبار طبيعة القضايا المعالجة، وهي في معظمها ابنة المرحلة الراهنة، ونتاجها.

فنياً، تخفف الروائي الإماراتي من جيل الألفية الثالثة من ضغط المساعي نحو إثبات الحضور، باعتبار أن الجيلين السابقين أنجزا هذه المهمة، وأصبحت الرواية الإماراتية جزءاً من الرصيد العام للتجربة العربية، فبات متاحاً لهذا الجيل أن يتفرغ لاشتغالات أخرى تمسّ التقنيات والأساليب وأدوات التعبير، ووجدنا أنفسنا أمام نماذج تتوافر على رؤى فنية مغايرة، فيها الكثير من التجريب، والمغامرة، والبحث، على تفاوت في المستويات طبعاً، واختلاف في حجم النتائج التي تمخض عنها هذا البحث.

لم تعد الرواية موضوعاً فقط، بل أصبحت مجالاً لتوظيف تقنيات وأساليب غير مطروقة، في محاولة للوصول إلى عمق هذا العالم الذي يعيشه الروائي، والمختلف جذرياً عن العالم في المرحلة السابقة. فالروائي الإماراتي من جيل الألفية الثالثة لم يعش ظروف الأجيال السابقة عن قرب، وبشكل مباشر. وعلاقته بالصحراء والبحر (الموضوعين الرئيسين اللذين هيمنا على مجمل المنجز الروائي السابق) اختلفت كلياً، بحكم اختلاف الظرف الاقتصادي والثقافي والاجتماعي. والمشكلات والتحديات اختلفت بدورها، كما اختلفت العلاقة بالعالم المحيط.

نحن أمام مدن عملاقة، تعج بمظاهر الحداثة وما بعدها، لا على مستوى البناء فقط، ولا على مستوى التكنولوجيا، أو الخدمات، أو

أي من المعطيات المادية، بل على مستوى العلاقات أيضاً، والفكر، والثقافة، والحساسيات، والتطلعات، والأحلام، والتحديات.

يضاف إلى ذلك الاحتكاك العميق واليومي بالثقافات الأخرى، سواء نتيجة التنوع الكبير في هذا المجال داخل المجتمع الإماراتي، أو نتيجة سياسة الانفتاح التي انتهجتها الإمارات، أو نمو الطبقة المتعلمة والمثقفة التي تقرأ وتتابع، أو ثورة الاتصالات وما أحدثته من تغييرات.. كل ذلك أسهم في إعادة تشكيل وعي الروائي الإماراتي الشاب، (كما أعادت تشكيل وعي الشباب العربي عموماً)، وعززت من شعوره بأنه جزء من هذا العالم، فانخرط في تفاصيله كلها، وأخذ يتفاعل مع قضاياه وظواهره ومشكلاته.

وكان من أبرز تجليات هذا التفاعل ظهور روايات تبتعد عن الأشكال السردية التقليدية، وتحاول أن ترتاد مناطق وآفاقاً جديدة، لا من منطق الانبهار بما تحقق في الثقافات الأخرى، ولكن نتيجة الإحساس بأن قضايا الواقع الجديد تحتاج إلى أدوات جديدة هي الأخرى كي يتم فهمها من العمق.

في هذه الدراسة سنتوقف عند نموذجين من نتاج هذا الجيل، هما رواية (غرفة واحدة لا تكفي) لسلطان العميمي، ورواية (مملكة النحل في رأسي) لمريم الساعدي، وسنحاول أن نتوقف بشكل خاص عند الجانب الذي برز فيه ميل كل من الروايتين نحو الخروج على القوالب الكلاسيكية في السرد، وتقديم تجربة يمكن القول إنها مختلفة لما يتخللها من تجريب على مستوى البنية، واللغة، والفضاء، وعلاقات داخلية تنظم حركة الحدث، ونمو الشخصيات، وما إلى ذلك من عناصر.

«غرفة واحدة لا تكفي» لسلطان العميمي:

ما يلفت الانتباه في رواية العميمي هو بنيتها المغايرة إلى حد ما، وذلك بالمقارنة مع التجربة الروائية الإماراتية السابقة، فسلسلة الأحداث في الرواية تغطي مساحة زمنية واسعة، تبدأ بمرحلة ما قبل النفط، حيث المجتمع البدوي البسيط، بثقافته وعلاقاته والظروف البيئية التي يعيشها، والتحديات التي يواجهها، والصراعات التي يخوضها.. وتنتهي في مرحلة الحداثة أو ما بعدها، حيث المجتمع المدني المنخرط في أحدث قضايا العصر قيماً ومظاهر وتعقيدات.

وفي المعالجة فإن (غرفة واحدة لا تكفي) تفرط هذه السلسلة المتصلة، وتختار منها اللحظات المفصلية التي تخدم الفكرة، واعتمدت في ذلك على تقنية توازي الأزمان، حيث يجد القارئ نفسه موزعاً في اهتمامه بين زمنين مختلفين تتتابع أحداثهما بالتوازي، وهو يتنقل بينهما وفق إرادة الراوي، إذ يأخذه الراوي في موقف من المواقف إلى الماضي البعيد الذي تهيمن عليه حكاية قرواش الأول وما عاشه من صراعات ومغامرات في الصحراء، ثم يجد نفسه في لحظة أخرى داخل غرفة مقفلة في أحد الفنادق الحديثة مع قرواش الرابع وحالة العزلة التي يكابدها في هذه الغرفة، ثم يرتد الزمن مرة أخرى إلى الماضي، ليعود بعدها إلى الحاضر، ثم إلى الماضي، وهكذا.

هذه التقنية التي يتناوب فيها الزمنان، كان لها أثر بالغ في تخليص الرواية من الزوائد التي يفرضها رصد الأحداث في سيرورتها الخطية المتتابعة، إذ أصبح من الممكن الاكتفاء بما هو وظيفي يخدم

الفكرة العامة للعمل، دون التورط في تفاصيل ومواقف فائضة عن الحاجة، ويمكن أن ترهق العمل، وتؤدي به إلى الترهل، كما هو الحال في كثير من الروايات التي التزمت بالسرد الخطي التقليدي.

واستكمالاً وارتباطاً بتقنية (تـوازي الأزمـان وتداخلها) فإن رواية (غرفة واحدة لا تكفي) تستثمر في الكتلة الطباعية، وتوظف الإمكانات التي يتيحها التنويع في الخطوط وأنماط الطباعة لإيصال الفكرة، إذ يحاول العميمي في هذا العمل أن تظل عملية التمييز بين أزمان روايته قائمة، بحيث لا يشعر القارئ بالضياع، فالفكرة هنا ليست في خلط الأزمان ومحو الخطوط الفاصلة بينها، بل في ضفر الأزمان مع بعضها بعضاً، وإقامة عالم تسير فيه هذه الأزمان بموازاة بعضها، دون أن يفقد أي زمن استقلاله ووحدته ووجوده الخاص به.

ولذلك نجد أن الرواية موزعة على شكل كتل تتناوب في الظهور، فهناك الزمن الماضي الذي يظهر على الورق بخط عريض، وهناك الحاضر الذي يظهر بخط رفيع.. والأمر هنا ليس مجرد استعراض مجاني فائض يمكن الاستغناء عنه، لكنه توظيف ضروري ومؤثر، وشديد الارتباط بعالم الرواية.

مع هذه التقنية يصل التجريب في رواية العميمي إلى درجة قصوى تكاد تكون غير مسبوقة في الرواية الإماراتية، إذ تجاوز عملية الاشتغال على البنية الداخلية للنص، إلى الاشتغال على الوسيط الذي ينقل هذه البنية إلى القارئ، وهو الخط، أو الطباعة. ويمثل ذلك جانباً من جوانب الوعي الفني الجديد الذي بدأنا نتلمس ملامحه

منذ أثبتت الرواية الإماراتية ذاتها، وأسست لحضورها عبر الجيلين الأول والثاني من الروائيين.

ولا تتوقف حدود المغامرة عند الشكل أو الجانب التقني فقط، بل تتجاوزها إلى الموضوعات والقضايا، وذلك بحكم الواقع المتغير الذي وجد الروائي الإماراتي نفسه بمواجهته. جزء كبير من هذه القضايا نجده ماثلاً في رواية (غرفة واحدة لا تكفي)، ومن ذلك:

1 – الوحدة/ العزلة:

أحداث الرواية لا تكاد تتجاوز حدود غرفة صغيرة في فندق، وشخصياتها تعيش عالمها الخاص الضيق الذي لا تتواصل فيه إلا مع ذاتها، والعزلة بطبيعة الحال هي أهم وأوضح ما يعيشه الإنسان المعاصر اليوم، رغم كل ما يقال عن سقوط الحواجز، وتطور وسائل التواصل والاتصال.

تبدأ الرواية بمشهد يستيقظ فيه البطل ليجد نفسه في مكان مغلق غريب لا يعرف كيف وصل إليه، غرفة في فندق، مقفلة، تنعدم فيها أي إمكانية للتواصل مع العالم الخارجي.

تقع عينا البطل على ثقب القفل في الباب، ومنه يحاول الإطلال على العالم الخارجي، ليكتشف أن هذا العالم ليس سوى غرفة أخرى شبيهة بغرفة بيته، حيث المكتبة نفسها، وشاشة التلفزيون نفسها، بل حيث هو نفسه، بملامحه، وملابسه، وعاداته اليومية. فالخروج من العزلة إذاً كان فعلاً وهمياً، لأنه سرعان ما يتبين أن هذا الآخر (شكلاً) هو الذات (حقيقةً وواقعاً).

2 – تشظي الذات:

لا يساور القارئ الشك منذ البداية في أن تعدد شخصيات الرواية مجرد وهم، وأن الموقف لا يعدو كونه انعكاساً لامتناهياً للصورة على مرايا متقابلة.

يتأكد ذلك من خلال الأسماء التي أطلقها البطل على ذاته وعلى الذوات الأخرى: قرواش الأول، وقرواش الثاني، وقرواش الثالث، وقرواش الرابع.. قرواش إذاً هو البطل، وهو واحد في النهاية، لكنه مستنسخ، بحيث تكون الفروق بين النسخة والأخرى طفيفة، إلى الحد الذي لا يسمح بإطلاق أسماء خاصة على كل نسخة، فكان الاكتفاء بالترقيم فقط.

وغني عن القول إن البطل، بتشظياته وتعدد أنواته هذه، ليس في الحقيقة سوى الإنسان المعاصر الوحيد والمعزول، الإنسان داخل قوقعته المغلقة، وقد انبتّت جميع الصلات بينه وبين شركائه على هذه الأرض، فلم يبق سوى أن يوجد بنفسه شركاءه، وهم ذواته، أو الكيانات الأخرى التي تسكنه.

3 – التلصص:

تعد ثيمة (التلصص) واحدة من أقدم الثيمات التي عالجها الأدب، وفي الفترة الأخيرة التي تنتمي إليها رواية (غرفة واحدة لا تكفي) أصبح (التلصص) ظاهرة يحتك بها الإنسان في كثير من تفاصيل يومه، خصوصاً مع التطور التكنولوجي المذهل الذي أتاح للإنسان أن ينفذ إلى

خصوصيات الآخرين على نحو من السهولة، لم يكن متاحاً من قبل.

نحن نتلصص على الجميع، والجميع يتلصص علينا، لكن التلصص هنا أخذ منحى آخر، حيث جعل منه الكاتب فعلاً رمزياً يحيل إلى نوع من الرغبة في استكشاف العالم الداخلي للذات، أو نوع من الرغبة في قراءة أسرار الذات والكشف عن مكوناتها العميقة. فهو انكفاء إلى الداخل، لأنه لم يأخذ مساره الطبيعي متجهاً نحو الآخر المختلف والمستقل، بحكم أن هذا الآخر الذي يمكن التواصل معه غائب أصلاً، أو أن قنوات التواصل نفسها كانت مغلقة، مما أوجب على الشخص أن يبحث عن مسار بديل، فكان هذا الاتجاه إلى الذات نفسها.

4 – البيئة/ الخلفية:

الرواية مثال على الكتابات التي تحاول الانطلاق من أسر البيئة التقليدية (البحر/ الصحراء)، باتجاه بيئة المدينة التي تهيمن اليوم لا بتفاصيلها الجغرافية والمعمارية الشكلانية فقط، بل كذلك بعلاقاتها الاجتماعية وأنماط الحياة التي تفرضها، والمشكلات التي تفرزها.

وقد لا يكون من قبيل المصادفة أن تدور أحداث الرواية داخل غرفة في فندق، فالفندق يمثل أحد أبرز رموز المدينة المعاصرة، غير أن الكاتب عمل – مع ذلك – على (تبييء) عمله عبر حكاية موازية هي حكاية (قرواش الأول) ورحلة التيه التي كابدها، وذات الطابع الأسطوري، لكن ذلك لم يكن تراجعاً من الكاتب عن فكرته الأساسية، بل كان تأكيداً لها، وإبرازاً لحدة الفجوة التي حدثت بين الإنسان وماضيه. فقرواش الأول كان يعيش على مساحة مفتوحة من

الأرض ليس لها حدود، ويعاين خبرات وتجارب شديدة الغنى، في حين يعيش قرواش الحفيد ابن اليوم سجين غرفة صغيرة في فندق، لا يرى سوى ذاته، ولا يخاطب إلاها.

5 – الثقافة المعولمة:

تحفل الرواية بإشارات كثيرة إلى روايات وأفلام وأعمال أدبية وفنية عالمية. يحدث ذلك مع كل أزمة يعيشها البطل في سجنه داخل غرفته في الفندق. واستدعاؤه لهذه النماذج يعبر عن المشترك الإنساني الذي يجمع بين سكان هذه الكوكب، فما يعيشه ابن دبي اليوم لا يختلف عما يعيشه ابن لندن أو نيويورك إلا في التفاصيل الصغيرة غير المؤثرة، أما الجوهر فواحد مشترك.

تشير عملية الاستشهاد المتواصل بنماذج من الأدب والفن إلى أن شخصية الإنسان المعاصر – بحكم عزلته – لم يعد بمقدورها أن تثري تجربتها وخبرتها في الحياة عبر المعايشة الواقعية، بل عبر القراءة بدلالتها الواسعة التي تعني قراءة الكتب أو مشاهدة الأفلام أو تصفح مواقع التواصل الاجتماعي أو سواها.

نحن اليوم نكوّن خبراتنا دون أن نبارح مقاعدنا الوثيرة في منازلنا أو مكاتبنا، أي إننا نتاج ثقافة ولسنا نتاج حياة.

«مملكة النحل في رأسي» لمريم الساعدي:

بعد تجربة مهمة ومؤثرة في مجال القصة القصيرة، تقدم مريم

الساعدي روايتها الأولى (مملكة النحل في رأسي 2019م). وقد يكون من الضروري هنا أن نربط بين منجز الساعدي في القصة القصيرة، وبين تجربتها الجديدة في الرواية، وذلك لأسباب منها أن الساعدي لم تخرج كثيراً عن عالم القصة، من الجانب التقني على الأقل، غير أنه لا بد من الإشارة أيضاً إلى أن الالتصاق بعالم هذا الفن لم يلحق أي ضرر ببناء الرواية، بل ربما كان هو بالذات مظهراً من مظاهر المغايرة، وخرق ما هو تقليدي، والسعي نحو شكل مختلف، يحاور ويتفاعل مع جنس أدبي آخر له طبيعته الخاصة وقوانينه الداخلية التي تميزه عن سواه.

تعتمد رواية (مملكة النحل في رأسي) بنية فنية عنقودية، إذ تتكوّن من مجموعة لوحات ومشاهد ومواقف صغيرة يتراوح طول كل منها بين صفحتين وأربع صفحات، أو أكثر قليلاً في بعض الحالات، ولكل من هذه الوحدات الصغيرة عنوان مستقل: (صبح الأحضان، شباب دائم، ضباب، عسل الحياة، صورتي الظاهرية... إلخ).

وسريعاً سيتكون لدى القارئ انطباع أولي، لكنه واضح، بأن ما يتعامل معه هو مجموعة من القصص القصيرة، وليس رواية، ذلك أن كل فصل (إذا صحت تسمية هذه اللوحات أو المشاهد فصولاً) له وجوده الخاص القائم بذاته، فالأمكنة متغيرة، وكذلك الأحداث، والموضوعات، وأشكال الصراع، وسواها من العناصر السردية، ويعمل هذا كله على تعميق الإحساس باستقلالية الفصول عن بعضها بعضاً، وتعزيز القناعة بأن تجنيس الكتاب على أنه رواية، فيه تجاوز غير مبرر.

غير أن ذلك كله سيتغير، وستثبت (مملكة النحل في رأسي)

انتماءها إلى فن الرواية بجدارة وقوة، ذلك أن العلاقات التي بدت خفية في البدايات بين الفصل والآخر ستبرز على نحو أكثر قوة ووضوحاً مع تقدم العمل إلى الأمام، وسيظهر أن هذه الأجزاء التي ظنناها معزولة عما سبقها أو تلاها، هي مكونات صغيرة تعمل الكاتبة على موضعتها ضمن مساحة العمل، دون أن يتبين الغرض منها، أو وظيفتها، أو ماذا يمكن أن تضيف، لكن مع توالي ظهور هذه الأجزاء، ستتجلى اللوحة كاملة، متماسكة، وسيتبين القارئ أن تلك الأجزاء ما هي إلا حبات في العنقود الكبير، وأن العنقود هو الغاية التي كانت تتطلع الساعدي إليها منذ اللحظة الأولى، فلم يكن الغرض هو الجزء الصغير لذاته، بل لما يمكن أن يضيفه فيما بعد، ولما سيسهم به في عملية اكتمال اللوحة، أو نضجها.

فصول الكتاب ليست قصصاً قصيرة، لكنها أجزاء وتفاصيل لا بد من الانتظار إلى أن تكتمل؛ ليتبين أنها صورة امرأة، أو سيرة امرأة، تعيش حالات من الوحدة والاغتراب، صدامات مستمرة مع العالم الخارجي بصغائره ومكائده وحروبه وما فيه من سطحية وابتذال في كثير من الأحيان، خيبات، أحلام، حب، غضب، انكفاء، مواجهة.. لكن المرأة تبقى قوية مع ذلك، عالمها الداخلي يظل على صفائه ونقاوته.

هذه التفاصيل الصغيرة التي تعرضها الرواية على شكل وحدات منفصلة، لها وظيفة محددة، وهي أن تتجاور، وأن تأخذ مواقعها على رقعة العمل، وشيئاً فشيئاً سيظهر أن موقعها على الرقعة لم يأت اعتباطاً، وأن ثمة نظاماً هندسياً محكماً هو الذي يحدد لكل وحدة موقعها، وحجمها.

وعي فني مختلف تقدمه (مملكة النحل في رأسي)، وهو وعي ما كان له أن يظهر على هذا النحو إلا مع مريم الساعدي، لا بشخصها، ولكن بوصفها أحد أبناء هذا الجيل الذي ينتمي إلى ظرف خاص مختلف عما عايشه الجيل السابق عليها.

وبالطبع فإن القضايا التي طرحتها (مملكة النحل في رأسي) لها خصوصيتها أيضاً، فنحن في مواجهة مع مشكلات تنتمي إلى هذه اللحظة حقاً، تماماً كما كانت المشكلات التي عالجتها رواية الجيل السابق تنتمي إلى لحظتها هي الأخرى (البحر، الصحراء، النفط، المرأة، المجتمع..). مع (مملكة النحل في رأسي) كما مع كثير من روايات الألفية الثالثة التي كتبها روائيون من أبناء هذه الألفية، نجد قضايا العزلة، والغربة، وصراعات العمل، وقلق المستقبل، والهوية، والوجود، والثقافة الكونية، والزمن.. وسواها مما لم يكن مطروحاً من قبل في المراحل السابقة.

غير أن الأهم من هذا كله هو الجانب الفني التقني، فالرواية (مملكة النحل في رأسي) تطرح نفسها بأدوات مختلفة، وأساليب مغايرة، وقد تلجأ أحياناً إلى نوع من أنواع المغامرة، في محاولة لمقاربة حالات لا يمكن مقاربتها إلا بهذه الطريقة.

هذا النزوع نحو التجريب يجسده حرص (مملكة النحل في رأسي) على تفتت الحكاية إلى وحدات شذرية متناهية الصغر، ثم إعادة موضعة كل وحدة في مكانها، إلى أن تكتمل الصورة.. تماماً كما هو حال بطلة العمل التي تبدو ممزقة من الداخل، ضائعة، مشتتة، موزعة بين أحاسيس مختلفة متناقضة.

وتذهب الساعدي أبعد من ذلك في نزوعها نحو التجريب، بتوظيف العناوين الفرعية، فيتحول عنوان الفصل أحياناً إلى نص قائم بذاته، كما هو الحال مع الفصل الأول الذي حمل عنوان (من يصلح غطاء غسالة مكسوراً؟ وماذا يسمون مصلح الصنابير؟ وهل يجب أن أشدّ الستارة العالقة؟ أو محاولة تأجيل الانتحار). كل هذا العبارة الطويلة هي عنوان فرعي لأحد فصول الرواية، ومثله عنوان (شقة للإيجار في أبوظبي، أو أين ابن الجيران؟)، وعنوان (شيطان الكلام الملتوي المتحول، أو مرحلة التنهد الجوفي) أو (هل تنام الطيور مفتوحة العينين)، وهناك أمثلة أخرى لعناوين بهذا الشكل.

يمكن تفسير هذه الظاهرة تفسيرات كثيرة، لكن هذا ليس مهماً. المهم هو ما تشير إليه وتكشف عنه من نزوع نحو الخلخلة والمغايرة وتجريب أدوات جديدة على المستوى التقني، وهذا ما أردنا تأكيده في هذه الدراسة، من أن رواية الألفية الثالثة لم تعد همومها مقتصرة على المشكلات التي يفرضها الواقع، بل تجاوزت ذلك باتجاه الاشتغال على الفن نفسه، وعلى أداة التعبير لا بوصفها وسيلة، بل باعتبارها قيمة تستحق أن يكون لها نصيب من الاهتمام.

خلاصة:

يمكن التأكيد، بعد هذا كله، أننا إزاء توجه جديد في الرواية الإماراتية أسس له جيل من الكتّاب عايشوا التغيرات التي مر بها المجتمع الإماراتي، والعالم كله في الألفية الثالثة، وخبروها، وتفاعلوا معها، وهي في ذلك تحمل قيمة كبيرة، لأنها تؤسس وتمهّد، لكن

قيمتها لا تقتصر على ذلك، فثمة وعي فني يتسم بالكثير من النضج، وقد تجلى ذلك من خلال المهارات الملحوظة في الاشتغال على بعض التقنيات الصعبة مثل الحكاية والحكاية الموازية، أو الارتدادات على أكثر من مستوى، أو التقطيع والانتقال عبر الأزمنة والأمكنة، أو المزاوجة بين أكثر من جنس أدبي أو كتابي كالرواية واليوميات والتاريخ والقصة القصيرة والشعر، إضافة إلى محاولة اللعب على العناوين، وتوظيف الكتلة الطباعية بسوادها وبياضها وخطوطها وتوزيعها.

كل ذلك يؤشر إلى أن الرواية الإماراتية تجاوزت التحديات الأولى التي فرضتها الرغبة في إثبات الذات، باتجاه مرحلة أخرى فيها وعي وطموح وتطلع نحو الاجتهاد والإضافة، الأمر الذي يعول فيه كثيراً على جيل يمتلك حساسية مختلفة، ووعياً مختلفاً، ونظرة مختلفة إلى الحياة.

الرواية الإماراتية الآن ..
سيرة الإنسان

الإنسان أولاً وأخيراً

فتحية النمر

- 1 -

(الرواية الإماراتية من سرد الماء والصحراء إلى سرد الإنسان) هو إشارة واضحة، ودلالة أوضح على مجموعة التحولات الملموسة التي طرأت، ولا تزال تطرأ، على الرواية الإماراتية؛ نتيجة لظهور النفط والغاز، وقيام الاتحاد في عام 1971م، فالرواية منذ نشأتها على يد راشد عبد الله وروايته (شاهندة)، وهي تواكب ما يحصل في هذا المجتمع من أنماط التبدّل والتغيير.

منذ راشد عبد الله و(شاهندة) ومن تلاه من روائيين وأعمال روائية كان الاهتمام الأبرز عند هؤلاء هو الاحتفاء الجلي بالمكان فقط أولاً عنصراً من عناصر السرد بشكل عام، والرواية بشكل خاصّ، أي (فنّياً) و(واقعيّاً)، حيث السيطرة المطلقة لهذا المكان، والدور الجوهري في تشكيل حياة الأفراد وتسييرها وتنظيمها، وإثباتاً

لقوته، وبياناً لتأثيره اللامحدود في كلّ ما يتعلّق بحياة الفرد من أنماط السلوك، وما كان يسير عليها من القيم ومنظومة الأخلاق.

أولاً، المكان صحراء ذات الامتداد الهائل والفضاء الواسع، لأنّها تشغل ثلثي مساحة الدولة، وذات الإمكانات المادّية المحدودة والخيرات الضئيلة، هذه (الصحراء) التي كان على الإنسان القديم بذل قصارى جهده وإهدار عمره واستنفار مهاراته وقدراته لمواجهة ما تنطوي عليه من الأخطار، وترويض قسوتها الزائدة وصرامتها الفائقة والاحتمال على مضض لما اشتهرت به من المراوغة والمخاتلة بغرض الاستفادة القصوى منها، وممّا كانت توفّره بشكل يقيه خطر الموت.

هكذا كان على الكُتّاب التعبير، شعراً وقصّاً ورواية، عن العلاقة بين الإنسان ذلك الكائن الضعيف المغلوب على أمره والصحراء، وما أفرزته هذه العلاقة من أحوال وأوضاع وقضايا ومشكلات وظواهر، كما جسّدها راشد عبد الله في روايته، حيث الإنسان في مواجهة البيئة الكئيبة والمتجهّمة التي لا تعطي سوى الفقر الشديد والعوز الأشدّ والإخضاع والإكراه، وما وصل إليه هذا الإنسان من مستوى أخلاقي مرير تمثّل في سرقة أكفان الموتى لبيعها.

ثانياً، المكان ممثّلاً في البحر بوصفه منافساً أيضاً، وندّاً للصحراء في الامتداد والاتساع، وفي درجة القسوة والصرامة، إضافة إلى ما زاد به على الأول من تداعيات، فالبحر وإن كان مصدراً أساسيّاً للرزق، صيداً أو غوصاً على اللؤلؤ أو تجارة، فهو في الوقت نفسه

عالم مفتوح على المجهول، يعطي القليل، ويأخذ الكثير، فكان على المبدع الإماراتي الاشتغال على هذه (الثيمات المائية) إن جاز التعبير، كصعوبة العيش والوحدة والترمّل والتيتّم والاستغلال الشنيع من أصحاب المال، كالنواخذة للغوّاصين المعدمين الذين كانوا لا يملكون سوى سواعدهم العارية، وكان عليهم أن يرهنوها، ويجازفوا بها في سبيل حلم الحصول على ما يبقيهم وعيالهم على قيد الحياة.

في هذه المرحلة كان البطل في الكتابات الروائية هو المكان الذي كان هو الفاعل، بينما كان الإنسان مفعولاً به وواقعاً تحت سيطرته ورحمته.

هنا أطرح سؤالاً أحسبه مهمّاً:

في هذه المرحلة الصعبة من عمر الدولة في (السبعينيات) هل خطر ببال كُتّاب الرواية تحديداً، الذهاب إلى أمداء أبعد، بالخوض والتناول متجاوزين تلك المساحة المحدودة والهامش المعروف لهم، كظلم الصحراء وخطر البحر والفقر والحاجة والعوز والضياع والتقشّف، متطرّقين إلى الإنسان من الداخل مثلاً؟ والاقتراب من الأعماق الدفينة لقراءة هذه الأعماق، والوقوف على ما تزخر به من معانٍ ومفاهيم كالمخاوف والقلق وغرابة الأطوار؟

لا أذكر رواية إماراتية في هذه الحقبة اهتمّت بهذه النقطة اهتماماً جديراً بالذكر والاعتبار.

بل إنّني أقرّ بأنّهم لم يهتمّوا بهذا الجانب حتى بشكل خجول، ونحن لا نلومهم، فما فعلوه كان مبرَّراً ومفهوماً؛ لأنّ الإنسان بحسب هرم

الحاجات عند (ماسلو) على سبيل المثال عندما يكون جائعاً، وليس في مأمن، ولو بالحدّ الأدنى من الأخطار الخارجية، وليس يحظى بالمسكن النظيف والمستقرّ، لن يتحرّك فكره أبعد من هذا المستوى.

هذا الإنسان الذي لم يكن يضمن حاضره لن يفكّر في المستقبل، بل إنّه سيجد أبواب المستقبل موصدة، ولن يقتحمها، فليست لديه الرغبة ولا الدافع حين كان يعيش في مجتمع قبلي بسيط بعلاقاته وغير المتصل ولا المنفتح على الخارج، رغم وجود نفر ممّن كان لهم ارتباط بالخارج، عبر رحلات التجارة البحرية، ولكن في حدود لن يتزحزح من هذه المنطقة.

- 2 -

لكن الدولة سرعان ما دخلت مراحل تالية من النمو والتطور، وسرعان ما تبدّلت أوضاعها بفضل النفط، وما ترتّب عليه من إرسال البعثات التعليمية والوفود للعمل في الدولة بعد توفّر فرص العمل، فوجد المجتمع نفسه ينتقل بمن فيه وما فيه تدريجيّاً أولاً، ثمّ سريعاً، فأسرع من حالة إلى حالة أخرى من البداوة والقبلية إلى التحضّر والمدنية الشاملة.

وطبيعي أن يرافق ذلك تبدّلات مماثلة في الوعي والفكر والثقافة كنتيجة وأثر في أساليب التعبير عن ذلك؛ فوجد الكُتّاب أنفسهم أمام مساحة جديدة عليهم تُغري بالدراسة والتعبير، فالإنسان قد تغيّر، فهو لم يعد هو، ولم يعد التحدّي الوحيد أمامه ضمان لقمة العيش، وما يسدّ

الجوع، ولم يعد يخاف من المكان للأسباب نفسها إن كان صحراء أو بحراً، لم يعد ينظر إلى نفسه والآخر كما كان في السابق.

لقد تشعّبت العلاقة بينه وبين نفسه، واتّسعت الفجوة لديه بين ما هو كائن، وما ينبغي له أن يكون، بمعنى آخر بين طموحاته المتوسّعة وقدراته المحدودة، فوجد نفسه أمام طوفان من المشاعر الغريبة كالإحباط والاكتئاب من نوع خاصّ، وعدم الرضا عن النفس وفقدان الثقة فيها وفي الآخر.

تغيّرت العلاقة بينه وبين الآخر، إن كان الآخر المألوف، وكذلك بينه وبين الآخر الغريب، هذا الآخر الذي وجد نفسه يتّخذ منه موقفاً عدائيّاً تحرّكه التنافسية والريبة والشكّ بعد أن كانت علاقته بالآخر القريب إيجابية في الغالب، مبنيّة على المحبّة والصداقة والإخاء.

الكُتّاب لسان حال الناس، بل هم من هؤلاء الناس أصلاً، تحرّكت أقلامهم تشقّ طريقها صوب موضوعات وثيمات جديدة. لقد أداروا الظهر للبحر والصحراء، ومن ظلّ مهتمّاً بهما، ويرجع إليهما بين الحين والحين، من باب الحنين للجذور والولاء للماضي، فإنّ نوع الاهتمام قد تغيّر كليّاً، حتى إنّني أقرأ عبارة نقدية توجّه للروايات الإماراتية وهي: (إنّ المكان فيها عنصر باهت وغير فاعل).

فبعد أن كان المكان – الصحراء أو البحر – بطلاً وفاعلاً، وكان المنطلق والمنتهى، أصبح هامشيّاً وربما مجرّد خلفية ومسرح لتحرّك الشخوص، بل أرى أنّهما صارا مجرّد زينة.

لقد حصل التشويش في هذه النقطة بالنسبة إلى الروايات الإماراتية.

- 3 -

بمرور الوقت أصبحت الحاجة إلى دراسة (الإنسان) والغوص في أعماقه، ماسّة وضرورية، بغرض اكتشاف طبيعته والوقوف على حقيقته، وما استجدّ فيهما من مناطق مجهولة.

هذا الاهتمام لم يعد ينفرد به الكتّاب فحسب، بل سبقهم إليه الفلاسفة والمفكّرون والفنانون والأنثروبولوجيون، لسبر أغوار الكائن الذي قفز من مرتبة الخاضع إلى مرتبة المتحكّم في مصيره، من المغلوب على أمره، الخائف من المكان، والمرتعب منه، إلى مطوّع للمكان والمالك لأمره.

الحقيقة المنشودة ببعديها:

أ – الموضوعي: متمثّلاً في جملة الإكراهات والضغوطات المفروضة عليه من القوانين، إن كانت طبيعية أو مجتمعية، إضافة إلى كونه فانياً.

ب – الذاتي: ممثّلاً في الحرّية والتفكير الذي وجد نفسه يتمتّع بهما، ومن خلالهما يستطيع اختيار سلوكه.

هناك مساحات أخرى دخلت على الخطّ تخصّ هذا الجانب منها:

إنّه أصبح يفقد كلّ يوم جزءاً من هذا الحقّ (الحرّية والخصوصية) حين صارت الخصوصية عنده منتهكة، فلم يعد في إمكانه لو أراد أن يبقى كتاباً مغلقاً، كما كان عليه الحال حين كان جائعاً وخائفاً، فهو اليوم مفضوح في كلّ صغيرة وكبيرة من أموره.

- 4 -

بناء على ما سبق أرى من واجب الكُتّاب وأصحاب القلم والمثقّفين ممارسة الحفر العميق في دواخل الإنسان للوقوف على الطبقات المكوّنة لها.

فتركيبة الإنسان تشبه (التركيبة الجيولوجية) المتراكمة فوق بعضها، ولا يستقيم أمر فهمها جيداً إلّا بمعرفة جميع الطبقات.

ولكن من هو هذا المكلّف بفعل هذا؟

الكاتب الجادّ والمخلص والواعي المدرك جيداً الدور المنوط به في المجتمع، ليضع قلمه في خدمة الإنسان بهدف إماطة اللثام عن خفاياه، ليأخذ بيده، ويعرّفه إلى جانبه السماوي المتمثّل في العقل، وجانبه الأرضي المتمثّل في الجسد، فبين الجسد والعقل يكمن الإنسان.

- 5 -

هناك نقطة، وهي أنّنا البشر نرحّب ونفرح بالتسهيلات والتداعيات الإيجابية التي تقدّمها لنا عملية التطور والتغير والتحول، من مثل الوفرة والرفاهية والأمان الماديّ وتوفير الجهد والوقت والمال وسرعة تحقيق الأهداف، لكنّنا نغضّ الطرف عن الجوانب السلبية الحاضرة بقوة أيضاً في كلّ عمليات التطور أو التحول، ونعني بها الإفرازات والتداعيات التي ليست في صالحنا كالاستخدام غير السليم والواعي لبعض المفاهيم المهمّة المرتبطة بالحياة والنجاح فيها،

كالحرّية والأخلاق لدى الشباب تحديداً، وما يعنيه ذلك كلّه من إلحاق الضرر بالأخلاق والقيم التي تربّينا عليها، وبها اكتسبنا هويّتنا.

لقد نعمنا بالأمان المادّي، ولم نعد نخاف من الظلام ولا التيه في الصحراء دونما بوصلة، ومن هجوم مباغت من الحيوانات والوحوش واللصوص وقطّاع الطرق، بعد أن عمّ العمار، وخضعت الصحراء والبحر لسيطرة الإنسان، لكنّنا صرنا نفقد شيئاً فشيئاً أماناً من نوع آخر.

يتبدّى جليّاً في الخوف المرضي من المستقبل، ومن المجهول، وأيضاً من اللهاث وراء المادّة إلى درجة التضحية في سبيلها بأمور وأشياء لا تقلّ قيمة عنها بل تزيد.

– 6 –

الأدب مرآة العصر والمكان والإنسان، وكما أنّ الأديب ابن عصره وبيئته، يتأثّر بها ويتفاعل معها، فعليه أن يتحرّك ويشحذ همّته ولا يضيّع وقته وحبره وأوراقه في السفاسف والكتابات التي تخلو من الوعي والقيمة، ليكون قابلاً لتحقيق هذا عليه أن يربّي نفسه، ويقوّي قلمه، وينهل من العلوم والمعارف، ليكون مليئاً، ولديه ما يقوله ويكتبه، فالقلم رسالة وأمانة.

أخيراً:

الاهتمام بالإنسان هو العامل الأساس وحجر الزاوية في كتابات

الكتّاب، وفي رواياتهم القديمة والجديدة على السواء، ولكن في كلّ مرحلة كان الاهتمام بهذا العنصر المهمّ مختلفاً عن المرحلة التالية.

في البداية كان الاهتمام بالجسد والغريزة، أيْ بالإنسان من الخارج، وقد كان هذا منطقيّاً كما رأينا، ولكن الآن أصبح، بل يجب أن يصبح الاهتمام بالروح والإنسان من الداخل، بل بداخل الداخل ما أمكن ذلك.

الرواية الإماراتية الآن – سيرة الإنسان

سامح كعوش

يقول فرديناند دي سوسير في كتابه (محاضرات في الألسنية العامة): «يمكننا تصوّر السيميولوجي كعلم يدلنا على كنه وماهية العلامات والقوانين التي تنظمها حياة العلامات في صدر الحياة الاجتماعية، إن مكانتها محددة قَبْلياً، وما الألسنة إلا جزءٌ من هذا العلم العام... وهكذا ترتبط هذه العلامات بمجال محدد بدقة في مجموعة الوقائع البشرية»، وهذا ما يؤكده بيرس الذي يرى «أن الرمز يقابل العلامة بأبعادها الثلاثة عند سوسير، وارتباطها بالمرجع تعسفياً أو عرفياً أو توافقياً، والدليل يعني اقترانه بما يدلّ عليه كأعراض مرضية تشير إلى نوع المرض، أو الدخان مع النار أو السحاب مع المطر، والأيقونة التي تعني قيام تشابه بين الدليل وما يمثّله، كالصورة أو الرسم أو النحت».

أما العلامة الأبرز ذات الصلة بالوقائع البشرية في حالة الرواية الإماراتية فهي الإنسان نفسه، في علاقاته مع داخله، ومع خارجه،

مع ذاته، وصفاته، فكأننا به يعكس رؤية رولان بارت، في إحالته الدال والمدلول في مستواهما الأسطوري إلى دال ثانٍ يطلق عليه اسم الشكل، أما المدلول له فيسميه المفهوم، وهنا يمكن لنا أن نتحرّى شكلاً فريداً في اللغة لا يقع في المفهوم، وبالتالي هو لا يقع في التأويل أو الحالة المفسرة، كما عند بيرس بمعزل عن الحالة المصوّرة في نظريته لعلم الدلالة، ويكون لهذا الشكل الفريد في اللغة حضورٌ مستقلٌّ بذاته في تناول أدبي إبداعي يخرج دوماً عن السياق ولا يحكي أنا كاتبه أو كاتبته، إنما يحاكيها في المثال/ المفهوم الكلي، أو ما يقع في اللغة ولا يقع في الكلام.

ولأنّ موضوعنا هو «الرواية الإماراتية الآن – سيرة الإنسان» فلا بد من تفكيك العنوان إلى مفردتي موضوع هما: السيرة والإنسان، وللسيرة علاقة وطيدة بالمبدع في جميع أحواله، وبالتالي بالإنسان الذي هو نبض المكان المقصود، وهو محور حركته الكونية في بقعة جغرافية معينة، نقصد بها هنا المكان الإماراتي دون سواه، فكاتب السيرة أكانت ذاتيةً أم غيريةً، وكل رواية فيها الكثير من كتابة السير، وتتبع الأثر، بحسب الدكتور عبد العزيز شرف في كتابه (أدب السيرة الذاتية)، لا يكتب إلا حينما تتضح في نفسه تجربته، ويقف على أجزائها بفكره، ويرتّبها ترتيباً قبل أن يفكر في الكتابة، وهكذا يستغرق الأديب، وخاصة كاتب السيرة في حياته لينقل إلينا تجربته فيها في أدق ما يحيط بها من أحداث العالم الخارجي، فتتمثل فيها سيرة الحياة بما تشتمل عليه من ألوان الصراع النفسي إزاء الأحداث التي تصوّرها هذه السيرة.

وهنا أقتبس عن الدكتور صمويل جونسون مقولته الأجمل في العلاقة بين المكان وسيرة الإنسان، يقول: «إنّ حياة الرجل حين يكتبها بقلمه هي أحسن ما يُكتب عنه»، بل أتبعها بمقولة لصاحب السمو الشيخ الدكتور سلطان بن محمد القاسمي، حفظه الله، يقول: «إنّ الكتابة بالنسبة إلى الكاتب الحقيقي هي جزء من حياته، وقطعة من قلبه وشغفه، ومسؤوليته الإنسانية تجاه ما يقدّمه إلى القارئ والأجيال الحاضرة والقادمة».

وليس بغريب في عالم الرواية الإماراتية منذ البدايات السبعينية إلى يومنا هذا، بحسب محمد ولد محمد سالم، أن نجدها «تعلن مبكراً مع رواية (شاهندة) عن الاتجاه الأول في اهتماماتها وانشغالها بالواقع الاجتماعي بما فيه من تجليات (استغلال) بعض الناس بعضاً، وامتهان للمرأة، وهذا الانشغال سيصبح إحدى ركائز الاهتمامات لها مع الروايات اللاحقة، ولا تخلو المعالجة هنا من نواقص البدايات التي طالت الحبكة الفنية، غير أنه يكفي الرواية أنها حازت قصب الريادة في هذا الفن، وامتلكت شرف تمهيد الأرض للكتابات اللاحقة»، وفي هذا أعمق الصلات بين الرواية من جهة، وسيرة الإنسان من جهة ثانية، في مكانه الأصلي الواقعي، لا مكانه المفترض كما ترسمه المخيلة الروائية بالنهايات السعيدة.

إذن فالكتابة كلها سيرة، ومسيرة، وسرد ذات، وسبر أغوار صفات وملامح، وهنا تصبح بطلة رواية (بيبي فاطمة وأبناء الملك) شخصية تعكس طموح كل امرأة إماراتية بطلة في مواجهة الاحتلال البرتغالي لبلادها، كما تصبح شخصيات أبطال روايات علي أبو

الريش شخصيات عاكسة تجسّد طبائع إماراتية دون سواها، كما بطل رواية (ثنائية الروح والحجر التسثال) الأول، أبو ناصر الذي يعتمر عمامة النواخذة، ويرتدي عباءة العصمة والمواعظ القديمة التراب، مستميتاً من أجل جرعة ماء، فهو كما يصوره علي أبو الريش «الرجل الأحمق، تصلّب كهذه الصخور، حتى تفتتت إرادته، وتحوّل إلى ذرات تذروها ريح الألم والهزيمة»، وها هو بطل الرواية الثاني، ثمرة علاقة خطيئة وزنى، جمعت بين «فطوم» الخبلة، والبيدار حمود العور، فالبطل هو الطفل اللقيط الذي وجدته «سلامة» زوجة أبو ناصر مرمياً قرب البئر، جسماً غريباً في قطعة قماش صفراء ذات لون ترابي، شبيه حشرة كبيرة تدب على الحصى.

عنوان العلاقة بين الرواية والمكان الإماراتي وسيرة الإنسان يُحيلنا إلى إمكانية القول بالمكان، كما رآه ميلان كونديرا متحولاً وواعياً للاستمرارية في الكتابة، منذ (شاهندة) راشد عبد الله، الرواية الأولى في الإمارات، من خلال علاقة البطلة بقريتها «الحيرة»، في تاريخ ملابسها، وأعرافها في المأتم والزفاف، وهواياتها الرياضية أو أعيادها، كما تكمن في مدى اقتراب هذا الفن الروائي الخاص، من مجموع الأذواق الخاصة لمجتمع ما، يقول جان ميكاروفسكي، مؤسس علم الجمال البنيوي في إحدى مقالاته المنشورة في براغ عام 1932م: «وحدها فرضية القيمة الجمالية الموضوعية تعطي معنى للتطور التاريخي للفن»، بما معناه، وكما يرى كونديرا، أنّه حين لا توجد القيمة التاريخية، لا يكون تاريخ الفن إلا مستودعاً واسعاً للأعمال الفنية التي ليس لتسلسلها التاريخي أي معنى، وبالعكس،

يمكن في سياق التطور التاريخي لفنٍّ فقط، إدراك قيمته الجمالية، وهذا الواقع أو السياق التاريخي لتحولات المكان يعترف به راشد عبد الله نفسه في تقديمه لروايته بقوله: «قصتي هذه تنبع من واقع عشناه، عشناه بين حبات الرمل المحترق، في حياة جافة قاسية...»، بل تأخذنا جمالية التناول إلى اعتقاد أنّ الراوي الإماراتي استطاع أن يؤنسن الجمادات، فلا يكتفي بسرد الذات، فها هو الجبل عند علي أبو الريش في رواية (ك، ص: ثلاثية الحب والماء والتراب) التي يصوّر فيها بطلته «شامة» كفتاة عانس، يصبحُ معشوقاً تلامس الفتاة صلابته فيأتي الخصب الروحي، وتثمر الشجرة المهجورة والمغدورة، وها هو الفتى في رواية علي أبو الريش، يحاول ملكاً كما حاول كثيرون غيره من أبناء الرمل، أبناء الصحراء في جاهليتها وقبل ذلك بكثير، وفي ذاكرتها المتحولة نحو الحجر، نحو البناء الطيني والأسمنتي في معجزتها الحاضرة، التاريخية التي تعي استمراريتها، وتمضي حثيثاً نحو اكتمال البناء، فالفتى في الرواية يبني مملكةً كما تبني الصحراء مملكتها في حاضر الإمارات اليوم، فتكتب الرواية سردية هذا المشهد المبدع في تحولات الرمل نحو الثبات، يقول على لسان الراوي: «وضع الفتى أسس مملكته، ونمت الأحجار، حجراً حجراً، على قمة الجبل، مدّت الأحجار المترادفة روحه بالانتشاء، تسامى، وانتفخت أوداجه، تورّم صدره بلواعج الزهو والافتخار، نظر إلى الحضيض السفلي مشمئزاً، متقززاً، فحاور العراء في تعالٍ».

وفي مقابل فلسفة أبو الريش العالية في سرد ذات الإنسان في المكان الإماراتي، نجد أن روائيات إماراتيات كثيرات أعلين صوتهن

في وجه الآخر، يتمثّلنَ ذواتهن في قيمة الصراع، لا قيمة السيرة نفسها، فها هي باسمة يونس التي أعلت في سردها الروائي شأن انفتاحها دوماً على التضاد، كأنها تحاول أن تجسّد شخصيّة الأنثى الإماراتية المنقسمة على ذاتها بين لغتين: أما اللغة الأولى، فهي لغة الصوت العالي الذي يشير إلى الآخر بكونه الضد، وإلى الأنا الأنثى بكونها الند، وهذه اللغة تتسلح قطعاً بقوة الأنا الأنثى التي تتمثلها باسمة يونس في أدبها، منطلقةً من واقعٍ مجتمعي وسياسي محفّز وداعم ومشجّع، بينما تتجلى اللغة الثانية في الصمت الذي ترتاح إليه الكاتبة في خواتم النص السردي المفتوح على نهايات لا تنتهي، وكأنها الأبد، كما في سير روائية إنسانية، تفاجئنا بالدهشة، فتجعلنا مقبلين على عوالم من أداء وإيماء لا ينتهيان.

أما مريم الغفلي فتحاول في نصها السردي الروائي أن تخرج عن حبكةٍ خفيةٍ خفيفةٍ تظهر كخيط رفيع يجمع بين مفاصل حدثها الروائي الممتد أحياناً إلى ما لا نهاية، ولكنها مع ذلك تتقن إيهامنا بما وراء هذا التناول الناضج والحي لأشياء الحياة المحيطة بها/ بنا في لعبة السرد مواربأ سيرة السارد ذاته، بما يشبهه ولكن لا يكونه، وهنا تنفرد الغفلي في إيقاعنا في شرك النص وغواية القراءة فضولاً لاكتشاف ما ينتهي عنده الحدث الروائي الرئيس الذي تشير إليه في بدايات مبكرة لنصها، ولا تكتفي من تناوله وتحليله وتفصيله إلا في مراحل الخاتمة النهائية بعد الذروة في الحبكة على اتساعها.

في مقاربة روايتيها (طوي بخيتة) و(بنت المطر) الصادرتين عن دار الحوار، يجد القارئ أنّ الروائية الإماراتية مريم الغفلي تسلّط

الضوء على صورة الأنثى/ البطلة الوحيدة للقصة، كأنها تكتب سيرة السارد ولا تشبهه، في تكرار تجربة الكاتباوي الذي يكتب الرواية عن ذاته حتى لو لم يكن هو نفسه فيها، إذ يتماهى مع تجارب إنسانية بنت بيئته ومجتمعه، ويقاربها حدّ التماهي معها، بل في معادلة النص السردي محملاً بالقيم المجتمعية التي توجّه النص إلى غاياته الاتصالية التواصلية مع التزامها في الحين نفسه بالغايات الجمالية الإبداعية، كما في شخصيتين متقاربتي السمات والسلوكيات والنمط الفاعل روائياً كشخصية بطلة رئيسة في النص، هما شخصيتا «بخيتة» في رواية (طوي بخيتة) و«لطيفة» في رواية (بنت المطر).

وللبحث في نظرية العلاقة بين الرواية وسيرة الإنسان، لذة الغوص في طبائع التقمص للآخر في أدق تفاصيله، أو ما يشبه القراءة بآلة SCAN لداخل كل فرد، كما في كتابات الروائية الإماراتية فتحية النمر التي نرى أن تجربتها الروائية فائقة الجمال، استطاعت بقراءة نفسية استندت إليها الكتابة الروائية، سبر أغوار الذات الإنسانية، في أدق وأرق صفاتها الإماراتية المحضة، كما في العديد من رواياتها ومنها رواية (للقمر وجه آخر).

وهنا تبرز تجربة روائية متميزة للولوة المنصوري في روايتها (خرجنا من ضلع جبل) التي ينتمي فيها السرد إلى سيرة الإنسان، وإن اختار عقدةً أولى هي الموت المحتم للمواليد الجدد، واللعنات التي تلحق بساكني البلدة بفعل «حجاب خاطه جنيٌّ حاسدٌ للبشرية»، فهو يكمل تعداد الفصول بالجثث والموتى بما ينتمي إلى الحلمي المرعب، وينحاز إلى المتخيل الغرائبي الوصفي لما يحمله وعيٌ قديمٌ

عن المكان، ولكن بأدوات استعارية شعرية الحوار، تحمل شيئاً من التوثيق التاريخي، ولكن لا تؤكده معياراً وحيداً للصدق، أو مرجعيةً واحدةً للقول السردي، والبطلة التي تحضر في السرد تعكس حالة الكاتب الراوي الذي يتدخل في تفاصيل السرد كأنه كتابة الذات، وهي ذات الكاتبة التي انتمت إلى المكان/ الحقيقي كما هو «البلدة التي حملها جبل جيس على ساحل البحر شمال إمارة رأس الخيمة، أمانةً للتاريخ والجغرافيا»، والمكان/ الروائي «خرجتُ من ضلع جيس، جبل يأكل نفسه ويكبر، يحتضن بيوتنا الساحلية بقلق، وينام قريراً عند حافة الحكايات».

إنها الرواية التي تحكي المكان، تنحت في الصخرة، والصخرة جبل «جيس» الذي يحرس رأس الخيمة، ويحتضن قبر «هيثم» في موته الرمزي الروائي بامتياز، «مات هيثم، وفارقت الألوان طيفها، شحبت البلدة، واختطف الغمام نفسه بعيداً، ونفق الأطفال بين الشعاب وخلف الأودية»، وقيامته بالإجابة عن السؤال «هل ترث البشرية جمعاء ذنب أبويهم؟»، يخرج صوت هيثم شجياً من القبر: «الذنب تذنبه الروح، ويحمل ثقله الجسد».

الفهرس